Ursula Madeja-Stieren

Beruf und Familie in Balance -
so profitieren Unternehmen und Beschäftigte

Handbuch mit Checklisten für die betriebliche Praxis

Für

Hubert und Alexander

Bibliografische Informationen der Deutschen Bibliothek

Die Deutsche Bibliothek verzeichnet diese Publikation
in der Deutschen Nationalbibliografie;
detaillierte bibliografische Daten sind im Internet über
dnb.d-nb.de abrufbar.

ISBN **978-3-8370-2037-3**

1.   Auflage 2011

Cover-Entwurf: Agentur Madeja-Stieren GmbH
Umsetzung: Andrea Wnendt und Thorsten Weidemann

Herstellung und Verlag: Books on Demand GmbH,
Norderstedt

Inhalt

Vorwort

Teil 1: Informationen zur Balance von Beruf und Familie

Teil 2: Balance von Beruf und Familie in 8 Schritten

Teil 3: Handreichungen für die konkrete Umsetzung

Umsetzungsbereich 3 „Arbeitsort"

Umsetzungsbereich 4 „Information und Kommunikation"

Umsetzungsbereich 5 „Führung"

Vorwort

Als sich 1997 unser Sohn ankündigte, wurde das Thema Vereinbarkeit von Beruf und Familie – lange bevor es zu einem politischen Top-Thema wurde – zu meinem Herzensthema, das ich seitdem auch praktisch für mich selbst und meine Familie, in unserem Unternehmen und für und mit unseren Beschäftigten und in der Beratung und Begleitung von Unternehmen realisiere.

Da Theorie und Praxis im Alltag oft weit auseinanderklaffen, Unternehmerinnen und Unternehmer zwar oft sehr viel guten Willen aber sehr wenig Zeit haben, habe ich das vorliegende Buch als Praxisleitfaden verfasst.
Es fließen hier Erfahrungen unterschiedlichster Branchen und Unternehmensgrößen ein.
Eins ist allen gemeinsam: der hohe Realitätsbezug und die praktische Umsetzbarkeit.

Viel Erfolg für die Balance von Beruf und Familie in Ihrem Unternehmen

Februar 2011   *Ursula Madeja-Stieren*

Hinweis:

Die Begriffe „Mitarbeiter", „Kollegen" etc. fassen zur
sprachlichen Vereinfachung wertfrei Personen weiblichen und
männlichen Geschlechts zusammen. Gemeint sind immer
beide Geschlechter.

Teil 1:

Informationen zu

Beruf und Familie

in Balance

Beruf und Familie in Balance – so gewinnen Mitarbeiter und Unternehmen

Schlagworte wie „Vereinbarkeit von Beruf und Familie" und „Work-Life-Balance" gehören mittlerweile zum gängigen Sprachgebrauch.

Allerdings sind beide Begrifflichkeiten nicht wirklich passend und griffig für das, was in Unternehmen in den letzten Jahren passiert ist bzw. dringend notwendig ist.

Bei dem Begriff „Vereinbarkeit von Beruf und Familie" wird die Thematik sehr schnell eng geführt auf „Mütter mit kleinen Kindern", bestenfalls noch „Eltern mit kleinen Kindern". Die gedankliche Konsequenz „Die haben wir nicht, deshalb betrifft uns das Thema nicht" liegt nahe. Dass sich hinter dieser Begrifflichkeit weit mehr verbirgt, ist im ersten Ansatz oft nur schwer zu vermitteln.

Die andere – ebenfalls übliche Begrifflichkeit – „Work-Life-Balance" ist für mich ein Widerspruch in sich und erinnert mich sehr an einen Aufkleber, den ich während eines Studentenjobs an einer Zeiterfassungsuhr sah: „Das wahre Leben beginnt nach 17 Uhr".

Arbeit auf der einen Seite – Leben auf der anderen? Zwei Dinge, die bestenfalls in Balance zu bringen sind, aber nicht wirklich etwas miteinander zu tun haben? Diese Sichtweise kann ich nicht teilen.

In den letzten Jahren habe ich zahlreiche Unternehmen und Organisationen der unterschiedlichsten Größen und Branchen darin beraten, ihre Personalpolitik dahingehend zu optimieren und auszurichten, dass eine Balance zwischen den Unternehmensinteressen und den Mitarbeiterinteressen gegeben ist.

Und immer ging es uns gemeinsam darum, eine Ausgewogenheit herzustellen und möglichst Leben und Arbeit als positive Einheit zu sehen und zu gestalten. Dazu gehört das Bewusstsein, dass Mitarbeiter Menschen mit Privatleben sind und nicht nur Personalnummern im Unternehmensgetriebe. Dazu gehört auch das Bewusstsein, dass der Begriff „Familie" viel weiter zu fassen ist als Mutter-Vater-Kind.

In den von mir begleiteten Unternehmen ging es darum, Maßnahmen zu etablieren bzw. zu optimieren, die jeden Einzelnen als aktiven Teil der Erfolgsgeschichte des Unternehmens betrachten und seine individuellen Bedürfnisse berücksichtigen. Diese gehen über Themen wie flexible Urlaubsregelungen für Eltern und die Möglichkeit einer einjährigen Freistellung nach Beendigung der Elternzeit weit hinaus. Denn die

Gesellschaft bekommt zwar immer weniger Kinder, es werden sich aber in Zukunft mehr Menschen als heute um ältere Angehörige kümmern müssen. In Zeiten des demografischen Wandels bedarf es deshalb spezieller Maßnahmen, die auf die Bedürfnisse älterer Mitarbeiter eingehen und diese entsprechend ihrer Leistungsfähigkeit in den Unternehmensalltag zu integrieren.

Diese Unternehmen wollen auch in Zukunft attraktive Arbeitgeber bleiben und haben sich vorgenommen, trotz des demografischen Wandels weiter zu wachsen. Um auch in Zukunft weitere qualifizierte, hoch motivierte und leistungswillige sowie -fähige Fachkräfte gewinnen zu können, ist es wichtig, dem bereits vorhandenen Personal sowie potentiellen Mitarbeitern mitarbeiterbewusste Maßnahmen aufzuzeigen und anzubieten. Denn mit einer Personalpolitik, die Unternehmens- und Mitarbeiterinteressen im Fokus hat, kann sich das Unternehmen im Wettbewerb profilieren.

Da, wo eine Balance von Beruf und Familie gegeben ist, gewinnen Unternehmen und Beschäftigte.

Dieses Buch zeigt Ihnen im ersten Teil in einer kurzen Einführung auf, warum diese Balance notwendig ist.

Der zweite Teil stellt einen Ablauf-Überblick dar, wie Unternehmen diese Balance von Mitarbeiter- und Unternehmensinteressen strukturiert umsetzen können und Nachhaltigkeit sicherstellen.

Der dritte Teil gibt Ihnen in acht klassischen Umsetzungsbereichen praktische Handreichungen für die konkrete Durchführung.

Die Checklisten zeigen Ihnen Stärken und Schwächen Ihrer Personalpolitik auf.

Die genannten Beispiele sind alle praxiserprobt und stellen eine Auswahl der Möglichkeiten dar, die in Unternehmen erfolgreich eingesetzt und umgesetzt worden sind und werden können.

Das Buch erhebt keinerlei Anspruch darauf, die Thematik vollständig und umfassend zu bearbeiten. Es ersetzt auch keine fundierte Beschäftigung mit der Thematik und keine qualifizierte Beratung. Es unterstützt Sie dabei, Ihren den Status Quo festzustellen, und gibt Anregungen für die Umsetzung in Ihrem Unternehmen – zum Wohle aller Beteiligten.

Warum überhaupt eine Balance von Beruf und Familie?

... Weil die Mitarbeiter[1] das wichtigste Potenzial eines jeden Unternehmens sind.

Der wirtschaftliche Erfolg eines Unternehmens ist abhängig von der Qualifikation, der Leistungsbereitschaft und der Motivation seiner Mitarbeiter. In Anbetracht der demografischen Entwicklung und dem damit einhergehenden Fachkräftemangel kann es sich ein Unternehmen nicht (mehr) leisten, die Interessen seiner Mitarbeiter zu vernachlässigen. Vielmehr sollte ein zukunftsorientiertes Unternehmen versuchen, die Ziele und die Produktivität des Unternehmens mit den Interessen und Lebenswünschen seiner Mitarbeiter in Einklang zu bringen.

Doch nicht nur in Bezug auf die Belegschaft ist mitarbeiterbewusste Personalpolitik von Belang für ein Unternehmen. Auch im Wettbewerb um potenzielle Mitarbeiter ist sie ein nicht zu vernachlässigender Faktor.

---

[1] Der Begriff „Mitarbeiter" fasst zur sprachlichen Vereinfachung wertfrei Personen weiblichen und männlichen Geschlechts zusammen. Gemeint sind immer Mitarbeiterinnen und Mitarbeiter.

Denn viele qualifizierte Fachkräfte haben ein großes Interesse daran, für ein Unternehmen zu arbeiten, das die Balance von Beruf und Familie ernst nimmt und fördert.

... Weil sich die Balance aus Unternehmens- und Mitarbeiterinteressen betriebswirtschaftlich rechnet.

Mitarbeiterbewusste Personalpolitik ist ein nicht zu vernachlässigender Wettbewerbsvorteil. Sie zahlt sich für das Unternehmen aus, indem sie letztlich mehr einspart, als sie kostet. Denn die Kosten, die für flexible Arbeitszeitkonzepte, Telearbeit oder die Vermittlung von Betreuungsangeboten anfallen, sind deutlich niedriger als die Kosten, die durch Fehlzeiten, Überbrückung der Elternphase und familienbedingte Fluktuation entstehen. Zudem erhöht in einem mitarbeiterorientierten Unternehmen, das ein offenes Betriebsklima pflegt, der partnerschaftliche Umgang miteinander die Motivation sowie die Leistungsbereitschaft der Mitarbeiter und fördert die Identifikation der Belegschaft mit dem Unternehmen und seinen Zielen. Faktoren die im zunehmenden Wettbewerb um Marktanteile immer mehr an Bedeutung gewinnen.

...Weil „Familienmanager" ein Gewinn für ein Unternehmen sind.

Mitarbeiter mit familiären Interessen und Pflichten bieten einem Unternehmen zudem große Chancen. Sie sind oft wahre Jongleure, die wertvolle Kompetenzen wie Teamfähigkeit, effizientes Zeitmanagement und Organisationstalent einbringen. Gerade aus diesem Grund sollte ein Unternehmen auch erwerbsarbeitsfreie Familienphasen nicht als Minuspunkt sondern als eine Art Weiterbildung bzw. -qualifizierung in Bereichen wie Verhandlungsgeschick, Arbeitsorganisation, Führungsstil und Einfühlungsvermögen betrachten. Fähigkeiten und Kompetenzen von denen letztlich das Unternehmen nur profitieren kann.

Mitarbeiter mit familiären Interessen sind daher für den Arbeitgeber keine Belastung, sondern ein Gewinn. Und familienbewusste Personalpolitik kann nachhaltig zum Erfolg eines Unternehmens beitragen.

...Weil erfolgreiche Unternehmen auch für die Zukunft planen.

Doch familienbewusste Personalpolitik ist nicht nur in der Gegenwart ein Wettbewerbsvorteil für Unternehmen, sondern auch in der Zukunft: Denn die Kinder der heutigen Mitarbeiter sind die Unternehmer, Fachkräfte und Kunden von morgen.

Teil 2:

Balance von

Beruf und Familie

in

8 Schritten

Einleitung: Projektüberblick

Das Projekt Balance von Beruf und Familie ist als Prozess über einen Zeitraum von 3 Jahren angelegt. Es ist damit keine Momentaufnahme, sondern ein kontinuierlicher Prozess.

Ziel dabei ist es, die Thematik bewusst aufzugreifen und offensiv in die bestehende Unternehmenskultur zu integrieren bzw. das Vorhandensein transparent zu machen.

Der Prozesszeitraum von 3 Jahren bietet dabei folgende Vorteile:

1. Für die Umsetzung steht ein ausreichend langer Zeitraum zur Verfügung, sodass der Prozess in das vorhandene Alltagsgeschäft integriert werden kann.

2. Der Erfolgsdruck ist nicht gegeben, da der Prozess individuell passgenau auf das Unternehmen abgestimmt wird und im Laufe des Prozesses an sich ergebende Veränderungen angepasst werden kann.

3. Durch die relativ lange Projektdauer wird die Nachhaltigkeit des Prozesses gesichert. Er wird so zu einem integrativen Bestandteil der vorhandenen Unternehmenskultur.

27

Der Projektablauf im Überblick:

Schritt 1: Feststellung des Status Quo	*Schritt 2:* Bildung einer Projektgruppe	*Schritt 3:* Erarbeitung von Zielen und Maßnahmen
Schritt 4: Erstellung eines Handlungsplanes	*Schritt 5:* Verabschiedung des Handlungsplanes	*Schritt 6:* Kick-Off zum Start der Umsetzung
Schritt 7 Jährliche Dokumentation	*Schritt1 8* Überprüfung	

DIE ACHT SCHRITTE

SCHRITT 1: FESTSTELLUNG DES STATUS QUO

Die Status-Erhebung mittels Fragebogen veranlasst einen genauen Blick auf die eigene Personalpolitik. Sie ermöglicht es, eigene Stärken und Schwächen zu identifizieren und stellt die Grundlage für die passgenaue und unternehmensspezifische Beratung und den späteren Handlungsplan dar.

SCHRITT 2: BILDUNG EINER REPRÄSENTATIVEN PROJEKTGRUPPE

Zur Durchführung des Projektes wird im Unternehmen eine eigene **Projektgruppe** gebildet, die das Unternehmen in seinen hierarchischen, organisatorischen und sozialen Strukturen repräsentiert. Die Vorteile sind, dass alle relevanten Unternehmensgruppen berücksichtigt werden und in ihren Interessen vertreten werden.

SCHRITT 3: STRATEGISCHE AUSRICHTUNG UND ERARBEITUNG VON ZIELEN UND MAßNAHMEN

In einem Workshop wird zuerst die strategische Ausrichtung des Unternehmens festgelegt.

Daran anschließend werden unternehmensspezifische Ziele und Maßnahmen erarbeitet, die in dem Projektzeitraum von 3 Jahren realistisch umgesetzt werden können.

Jedes Unternehmen ist anders. Um individuell passende Ziele und Maßnahmen herauszufinden, orientiert sich die Erarbeitung an den folgenden acht Umsetzungsbereichen, die die klassischen Bereiche der Personalpolitik abdecken:

- Arbeitszeit
- Arbeitsorganisation
- Arbeitsort
- Informations- und Kommunikationspolitik
- Führung
- Personalentwicklung
- Geldwerte Benefits
- Leistungen für Beschäftigte + Angehörige

SCHRITT 4: ERSTELLUNG DES HANDLUNGSPLANES

Als Dokumentation des Workshops wird ein Handlungsplan erstellt, der die erarbeiteten Ziele und Maßnahmen für den Projektzeitraum von 3 Jahren darstellt.

Die zeitliche Reihenfolge und die konkrete Umsetzung werden später von der Projektleitung gemeinsam mit der Projektgruppe abgestimmt und festgelegt.

SCHRITT 5: VERABSCHIEDUNG UND UNTERZEICHNUNG DES HANDLUNGSPLANES

Durch die Verabschiedung und Unterzeichnung des Handlungsplanes bestätigt die Unternehmensleitung die vereinbarten Ziele und Maßnahmen und deren Umsetzung. Gleichzeitig bestätigt sie damit, dass der Gesamtprozess von der Leitung gewollt, getragen und unterstützt wird.

SCHRITT 6: KICK-OFF-MEETING ZUM START DER UMSETZUNG

In einem Kick-Off-Meeting mit der Projektgruppe wird der zeitliche und inhaltliche Ablauf der Umsetzung festgelegt.

SCHRITT 7: JÄHRLICHE DOKUMENTATION

Im Rahmen einer kurzen Jährlichen Dokumentation und eines Ergebnisworkshops legt das Unternehmen dar, welche Ziele und Maßnahmen wie im umgesetzt wurden. Dies sichert die Nachhaltigkeit des Prozesses. Durch die langfristige Beschäftigung mit der Thematik gerät diese im Alltagsgeschäft nicht in Vergessenheit, sondern wird integraler und selbstverständlicher lebendiger Bestandteil der Unternehmenskultur.

SCHRITT 8: ÜBERPRÜFUNG

Um den Erfolg des Projektes zu gewährleisten, erfolgt am Ende des Prozesses eine Überprüfung inwieweit der

Handlungsplan umgesetzt wurde und welche Ziele und Maßnahmen sich im Laufe des Prozesses verändert haben. Ferner können dann die erforderlichen Ziele und Maßnahmen für die Zukunft festgelegt werden.

Teil 3:

Handreichungen

für die

konkrete Umsetzung

Einleitung

...Jedes Unternehmen ist anders! – Was ist konkret möglich?

Es gestaltet sich für ein Unternehmen allein häufig schwierig, die für sie passenden Maßnahmen zu ermitteln. Denn diese Maßnahmen müssen eine tragfähige Balance der Mitarbeiterbelange und Unternehmensinteressen darstellen: Sie sollen auf der einen Seite die individuellen und berechtigten Wünsche der Mitarbeiter einbeziehen und auf der anderen Seite müssen sie unter Berücksichtigung der Möglichkeiten und Ziele des jeweiligen Unternehmens praktikabel sein. Unkenntnis über die realisierbaren mitarbeiterbewussten Maßnahmen ist eine Ursache für die Schwierigkeit ein solches Gleichgewicht zwischen den unterschiedlichen Interessen herzustellen, das im Endeffekt einen Mehrwert für die Mitarbeiter und das Unternehmen bedeutet. Dieses Buch will versuchen dieses Informationsdefizit zu beheben und zugleich Anregungen zu geben, wie die Balance zwischen Mitarbeiter- und Unternehmensinteressen individuell für jedes Unternehmen optimiert werden kann.

... Wo steht was?

Auf der Suche nach den individuell passenden Ziele und Maßnahmen, werden acht Umsetzungsbereiche bearbeitet, die die klassischen Bereiche der Personalpolitik abdecken:

1. Arbeits- und Arbeitszeitmodelle,
2. Arbeitsorganisation,
3. Arbeitsort,
4. Information- und Kommunikation,
5. Führung,
6. Personalentwicklung,
7. Geldwerte Benefits,
8. Leistungen für Beschäftigte + Angehörige.

Neben sehr bekannten oder vielleicht bereits praktizierten Maßnahmen wie begrenzte unentgeltliche Freistellung von der betrieblichen Tätigkeit und der Einrichtung von Teilzeitarbeitsplätzen finden sich in den jeweiligen Kapiteln auch weniger bekannte aber dennoch sehr effiziente Maßnahmen.

Dabei beginnt jedes Kapitel zunächst mit einer **kurzen Beschreibung des jeweiligen Umsetzungsbereiches**.

Daran anschließend findet sich jeweils eine **Checkliste**, die Fragen zu verschiedenen in diesem Umsetzungsbereich möglichen Maßnahmen aufgreift und deren bereits vorhandene Umsetzung durch Detailfragen näher zu erfassen versucht. In einem letzten Schritt werden beispielhaft **konkrete Anwendungsbeispiele aus der Praxis** dargestellt, die exemplarisch verdeutlichen sollen, was möglich ist, um den Mitarbeitern eine ausgewogene Balance zwischen betrieblichen und privaten Verpflichtungen zu ermöglichen.

In den ersten drei Umsetzungsbereichen, die den Bereich Arbeitsmanagement abdecken, sind häufiger die klassischen Maßnahmen anzutreffen, die eine Vergleichbarkeit mit anderen Unternehmen ermöglichen. Deshalb enthalten sie zusätzlich Leitfragen sowie Informationen zu Nutzen und Hürden. Diese resultieren aus branchenübergreifenden Untersuchungen.

Die Umsetzungsbereiche 4 bis 8 sind erfahrungsgemäß deutlich unternehmensspezifisch individueller geprägt und lassen diese Vergleichbarkeit von daher nur schwer herstellen.

Ziel soll es sein, mitarbeiterbewusste Bedingungen für die Beschäftigten in Balance mit den jeweiligen betrieblichen Zielen zu schaffen. Da jedes Unternehmen seine eigenen Abläufe, Zielsetzungen und Interessen hat, kann es kein Patentrezept für die Gestaltung dieser Maßnahmen geben. Vielmehr kommt es darauf an, in einem ersten Schritt die betriebliche Situation zu analysieren, um daran anschließend entsprechende maßgeschneiderte Lösungen zu erarbeiten.

Umsetzungsbereich 1:

Arbeits- und Arbeitszeitmodelle

KURZBESCHREIBUNG

Die optimale Gestaltung der Arbeitszeit ist ein entscheidender Faktor wenn es darum geht, die Interessen eines Unternehmens mit denen seiner Beschäftigten und seiner Kunden auszubalancieren. **Flexiblere Arbeitszeiten und Teilzeitangebote** helfen,

I N F O

Beruf und Privatleben besser miteinander zu vereinbaren, z.B. bei der Überbrückung eines Zeitraums, in dem Kinder oder pflegebedürftige Angehörige betreut werden müssen.

Die Arbeitszeit bestimmt im Allgemeinen den Lebensrhythmus der Mitarbeiter. Mitarbeiterbewusste Maßnahmen im Umsetzungsbereich Arbeits- und Arbeitszeitmodelle befassen sich deshalb mit Regelungen und Einrichtungen, die den Zeichen der Zeit entsprechen und veränderten Lebensumständen der Beschäftigten gerecht werden sollen, denn qualifizierte Fachkräfte legen zunehmend Wert auf Handlungs- und Kontrollspielräume bei der Arbeit. Flexible Arbeitszeiten mit entsprechenden Regelungen schaffen Zeitautonomie und werden von Fachkräften geschätzt. Unternehmen mit flexibler Arbeitszeit haben deshalb bessere Rekrutierungsmöglichkeiten am Markt und binden gut eingearbeitetes Personal dauerhaft.

In diesem Umsetzungsbereich geht es um die Schaffung intelligenter Arbeitszeitmodelle, die nicht nur den Beschäftigten mit Familienpflichten zugute kommen. Vielmehr vergrößern die unterschiedlichen Varianten den unternehmerischen und privaten Gestaltungsspielraum und bieten die Möglichkeit, die Interessen der Mitarbeiter mit denen des Unternehmens in Einklang zu bringen.

Interessant sind Modelle, die dem Unternehmen wie den Beschäftigten **Zeitsouveränität, Flexibilität** und Möglichkeiten, die **Arbeitszeit zu verkürzen**, bieten. Sie helfen, Spannungen abzubauen und die Belastung für die Beschäftigten zu mindern.

LEITFRAGEN

? Welche Ziele / Interessen (unter Kunden-, Mitarbeiter-, Unternehmensaspekten) sollen berücksichtigt werden?

? Welche Eckpunkte soll das Arbeitszeitmodell beinhalten?

? Welche Grundsätze und Regeln sollen angewandt werden?

? Wie soll das Arbeits(zeit)management (im Unternehmen / Abteilung) gestaltet werden?

? Mit welchen Instrumenten soll das Arbeits(zeit)management umgesetzt werden?

? Wie soll das Arbeits(zeit)management kommuniziert werden?

? Welche Informationen / Unterstützung brauchen Führungskräfte, Teams und Beschäftigte?

? Wie soll das Arbeits(zeit)management begleitet und unterstützt werden?

? Welche begleitenden Auswertungen können erstellt werden?

? Welche Eckpunkte soll der Leitfaden zur Umsetzung beinhalten?

Möglichkeiten der Flexibilisierung und der Verkürzung

Es gibt eine Vielzahl von Arbeitszeitmodellen. Viele Praxisbeispiele zeigen, welche Potenziale in innovativen Arbeitszeitmodellen stecken. Es gibt flexible Modelle auf Voll- und Teilzeitbasis, auch für qualifizierte Tätigkeiten für Fach- und Führungskräfte, für Frauen und Männer. Der Vielfalt der Variationen sind keine Grenzen gesetzt. Dazu gehören etwa Arbeitsformen wie flexible Jahres- und Lebensarbeitszeitregelungen, tägliche, wöchentliche, jährliche Arbeitszeitverkürzung, Formen des Job-Sharings oder der zeitautonomen Arbeitsgruppen, flexible Teilzeitschichten, die Vier-Tage-Woche, Langzeiturlaube, Sabbaticals oder der gleitende

Altersruhestand. Es gibt kein „Standard-Modell", das für eine Realisierung der balance of interests besonders geeignet wäre. Es müssen immer betriebsspezifische und individuelle Lösungen gefunden werden.

Innovative Arbeitszeitmodelle

	Tag	Woche	Monat	Jahr	Leben
Vollzeit		Individuelle Arbeitszeit	Rollierende Wochenarbeit		Langzeitkonten
	Gleitzeit	Vier-Tage-Woche		Flexible Jahresarbeitszeit	Sabbaticals
	Modulare Arbeitszeit	Flexible Teilzeitschichten	Job-Sharing		
50%	Halbtagsarbeit	Turnusteilzeiten	Zeitautonome Arbeitsgruppen		
	Abendschichten	Vertrauens-arbeitszeit			
0%					

☐ = starr   **Zeithorizont**   ▨ = flexibel

© Fauth-Herkner + Partner

Nutzen

- Bessere Auslastung der personellen Kapazitäten
- Bessere Anpassung der Arbeitszeit an den Arbeitsanfall

43

- Erhöhung der Produktivität und Mitarbeiterleistung, motivierte, informierte Beschäftigte
- Reduktion von Fluktuation und Fehlzeiten
- Transparente, aktuelle Informationen um kurzfristig zu reagieren
- Attraktiver Arbeitsplatz

Hürden

- Angst vor Minusstunden
- Mangel an Informationen bei vielen Teilzeit-Kräften
- Mangelnde Akzeptanz, z.B. Teilzeit in Führung
- Hohe Eigenverantwortlichkeit
- Kompetenz der Führungsebene muss oftmals entwickelt werden
- Eingefahrene Verhaltensmuster

CHECKLISTE:

Arbeits- und Arbeitszeitmodelle

Bitte das Zutreffende ankreuzen!

✓ **Das bestehende Arbeitszeitmodell ermöglicht die Balance von Beruf und Familie, beispielsweise durch die flexible Gestaltung der Länge und Lage der Arbeitszeit.**

☐ Ja   ☐ Nein   ☐ Teilweise

Überprüfungsfragen:

a. Die Arbeitszeit wird im Rahmen der Möglichkeiten flexibel gestaltet.

	Ja	Nein
Täglich	☐	☐
Wöchentlich	☐	☐
Monatlich	☐	☐
Jährlich	☐	☐

45

b. Die Einführung eines neuen Arbeitszeitmodells verbessert die Vereinbarkeit von Beruf und Familie.

☐ Ja ☐ Nein ☐ Teilweise

c. Im Hinblick auf die Balance von Beruf und Familie besteht Verbesserungsbedarf beim bereits praktizierten Modell.

☐ Ja ☐ Nein ☐ Vielleicht

d. Bei der Schichtarbeit gibt es flexible Gestaltungsspielräume für Personen mit familiären Verpflichtungen.

☐ Ja ☐ Nein ☐ Teilweise

✓ **In Teilzeit zu arbeiten ist besonders für Beschäftigte mit familiären Verpflichtungen möglich.**

☐ Ja ☐ Nein ☐ Teilweise

Überprüfungsfragen:

a. Es existieren familienbewusste Teilzeitarbeitmodelle.

	Ja	Nein
Familienbedingte Teilzeit	☐	☐
Teilzeit während der Elternzeit	☐	☐
Job-Sharing	☐	☐

b. Nach Freistellungszeiten (z.B. Elternzeit, Pflege von Angehörigen) ist ein Wiedereinstieg in Teilzeit und damit ggf. verbunden eine stufenweise Erhöhung der Arbeitszeit möglich.

☐ Ja   ☐ Nein   ☐ Teilweise

c. Die Teilzeitmodelle werden wie geplant umgesetzt.

☐ Ja   ☐ Nein   ☐ Teilweise

d. Es gibt Umsetzungsprobleme aufgrund von Gewohnheitsrechten (z.B. Teilzeit nur vormittags)

☐ Ja   ☐ Nein   ☐ Teilweise

✓ **Eine lebensphasenorientierte Arbeitszeitgestaltung ist möglich.**

☐ Ja   ☐ Nein   ☐ Teilweise

Überprüfungsfragen:

a. Es besteht die Möglichkeit langfristiger Arbeitszeitabsprachen (z.B. individuelle Vereinbarung von Freistellung, Teilzeit- oder Vollzeitabsprachen über längere Lebensabschnitte), wodurch schwankende familiäre Belastungen der Mitarbeiter besser berücksichtigt werden können.

☐ Ja   ☐ Nein   ☐ Teilweise

b. Eltern können eine Kinderbonuszeit beantragen.

☐ Ja   ☐ Nein   ☐ Teilweise

c. Es besteht die Möglichkeit von Altersteilzeitregelungen.

☐ Ja   ☐ Nein   ☐ Teilweise

48

✓ **Für Beschäftigte mit familiären Verpflichtungen gelten besondere Urlaubs- und Beurlaubungsregelungen.**

☐ Ja   ☐ Nein   ☐ Teilweise

Überprüfungsfragen:

a. Beschäftigte mit Kindern haben vorrangiges Wahlrecht bei der Urlaubsplanung.

☐ Ja   ☐ Nein   ☐ Teilweise

b. In einem dringenden Notfall kann der Arbeitsplatz verlassen werden.

☐ Ja   ☐ Nein   ☐ Teilweise

c. Es gibt über die gesetzlichen Ansprüche hinaus Befreiungen für familiäre Anlässe.

Freistellung…	Ja	Nein
… zur Geburt des Kindes	☐	☐
… nach der Elternzeit	☐	☐
… zur Pflege von	☐	☐

Angehörigen

... aufgrund von ☐ ☐

Auslandsaufenthalt

d. Mitarbeiter können Sabbaticals beantragen.

	Ja	Nein
3 Monate	☐	☐
6 Monate	☐	☐
12 Monate	☐	☐

Anwendungsbeispiele aus der Praxis:

Vorbemerkung:

Zu allen Umsetzungsbereichen werden im Folgenden praxiserprobte Ziele und Maßnahmen vorgestellt. Diese sind nur exemplarisch ausgewählt und zeigen nicht den vollen Umfang der möglichen Maßnahmen auf.

Durch flexible Arbeitszeiten können die Beschäftigten beispielsweise Umfang und Lage der Arbeitszeit besser mit den familiären Anforderungen vereinbaren und mithilfe von Teilzeitarbeit nach der Elternphase den Widereinstieg behutsam gestalten, während die Flexibilität bei der Urlaubsplanung besonders Eltern mit Betreuungsaufgaben erlaubt, ihren Urlaub auf die Ferien ihrer Kinder abzustimmen.

Im Folgenden sind die bereits in verschiedenen Unternehmen praktizierten Arbeits- und Arbeitszeitmodelle aufgeführt, die im Wesentlichen in vier verschiedenen Maßnahmenkatalogen zusammengefasst werden können:

Mögliche Maßnahmen im Umsetzungsbereich Arbeits- und Arbeitszeitmodelle betreffen die Bereiche:

1. Flexible Arbeitszeiten
2. Teilzeitarbeitsplätze
3. Befristete Freistellung
4. Urlaubsregelung

1. Flexible Arbeitszeiten

Starre Öffnungszeiten von Behörden und Institutionen oder private Termine erschweren es besonders den Mitarbeitern mit Familienpflichten, durchgängig gleich bleibende Arbeitszeiten einzuhalten. Flexible Arbeitszeiten sind sowohl ein wichtiger Faktor um den Mitarbeitern eine bessere Vereinbarkeit von Beruf und Familie zu ermöglichen als auch zur Stärkung der Wettbewerbsfähigkeit des Unternehmens und damit zur Sicherung der Beschäftigung. Verschiedene Formen flexibler Arbeitszeitgestaltung bieten sowohl Beschäftigten als auch Unternehmen Vorteile, solange der Arbeitsplatz und das jeweilige Aufgabengebiet dies ermöglichen. Mithilfe flexibler Arbeitszeiten kann beispielsweise der Kundenservice, durch verlängerte Servicezeiten, ausgebaut und verbessert werden, oder es lassen sich durch Auf- und Abbau von Gleittagen saisonale und konjunkturelle Schwankungen besser ausgleichen.

Ziel- und Maßnahmen-Beispiel:

Ziel: ***Größere Flexibilisierung der Arbeitszeit***

Maßnahme: Der Bedarf für die Flexibilisierung der vorhandenen Schichtmodelle wird unter familienbedingten Gesichtspunkten abgeklärt.

Umsetzungsschritt a:

Es wird eine Befragung bei den Beschäftigten im Schichtbetrieb durchgeführt.

Umsetzungsschritt b:

Wenn möglich erfolgt die Anpassung der Arbeitszeit gemäß den Wünschen der Beschäftigten.

Vorteile:

- begrenzte zeitliche Selbstbestimmung

- höhere Motivation durch eigenverantwortliche Einteilung und Verteilung der Arbeitszeit in einem angemessenen Rahmen
- Vermeidung von Überkapazitäten an Personal
- Senkung von Stückkosten durch verlängerte Maschinenlaufzeiten
- Kostensenkung durch Vermeidung oder Abbau von Überstunden

2. Teilzeitarbeitsplätze

Teilzeitarbeitarbeitsplätze sind für manche Mitarbeiter eine sinnvolle Alternative zur Vollzeitbeschäftigung. Je nach Wunsch des Mitarbeiters und unter Berücksichtigung des betrieblichen Bedarfs und der betrieblichen Möglichkeiten unterstützen Unternehmen unterschiedliche Formen von Teilzeitarbeitsplätzen. Grundsätzlich kann Teilzeitarbeit in allen Arbeitsformen (Schicht, feste Arbeitszeit, gleitende Arbeitszeit) und Berufsfeldern vereinbart werden. Mit dem Angebot von Teilzeitarbeit sollen die Produktivität gesteigert und die Wünsche von Mitarbeitern und Vorgesetzten nach flexibleren Arbeitszeiten erfüllt werden.

Ziel- und Maßnahmen-Beispiel:

Ziel: **Optimierung und Ausbau angepasster Arbeitszeitmodelle**

Maßnahme: Es wird die Möglichkeit zur Tätigkeit während der Elternzeit geschaffen.

Umsetzungsschritt 1:

Soweit realisierbar können Mitarbeiter laut der gesetzlichen Rahmenbedingungen bis zu 30 Stunden pro Woche arbeiten.

Umsetzungsschritt 2:

Wenn der ursprüngliche Arbeitsplatz nicht für eine Teilzeitbeschäftigung während der Elternzeit geeignet ist, werden alternative Möglichkeiten einer Tätigkeit gesucht und angeboten.

Vorteile:

- Verhinderung des Abwanderns gut eingearbeiteter Mitarbeiter
- Erhöhung der Flexibilität

- Steigerung von Motivation, Produktivität und Mitarbeiterleistung
- Reduktion von Fehlzeiten und Fluktuation

Wichtig:

Teilzeitregelungen erfordern ein erhöhtes Maß an Information und Kommunikation, für die Abwesenheitsphasen, sowie über die Anwesenheitszeit nach innen und außen.

3. Befristete Freistellung

Es gibt vielfältige Gründe, die einen Mitarbeiter dazu veranlassen sich von seiner Tätigkeit im Unternehmen freistellen zu lassen. Wenn das Kind, der Partner oder ein anderer Angehöriger eines Mitarbeiters krank wird und Betreuung benötigt, kann dieser gezwungen sein, einige Tage zu Hause zu bleiben. Gerade bei kleinen Kindern oder Kindergartenkindern kann sich dies schnell summieren, so dass nur noch wenige Urlaubstage verbleiben, um sich wirklich zu erholen. Die Produktivität der Mitarbeiter wird merklich darunter leiden. Aber auch

Umstellungen im Familienalltag etwa durch Einschulung oder die Verwirklichung des lange gehegten Wunsches einer ausgedehnten Reise sind Gründe, aus denen Mitarbeiter sich von ihrer Beschäftigung im Unternehmen freistellen lassen wollen.

Ziel- und Maßnahmen-Beispiel:

Ziel: **Freistellung von der betrieblichen Beschäftigung**

Maßnahme: Es wird eine Freistellung aufgrund von Pflege eines Familienangehörigen oder nach längerer Krankheit gewährt.

Vorteile:

- Erhalt des erworbenen betrieblichen Know-hows
- Minimierung betrieblicher Fehlzeiten
- Vermeidung / Minimierung von Leistungsausfällen aufgrund mangelnder Konzentration

4. Urlaubsregelung

Im Unternehmen steht die jährliche Urlaubsplanung an. Wie so oft wollen mehrere Mitarbeiter gleichzeitig in Urlaub gehen, was mit dem betrieblichen Ablauf kollidiert. Das einfache Prinzip „Wer zuerst kommt, mahlt zuerst" kann Mitarbeiter mit Kindern benachteiligen, denn Eltern sind in der Urlaubsplanung von den Ferienzeiten der Krippe, des Kindergartens oder der Schule abhängig. Wenn diese Mitarbeiter in den Ferien ihrer Kinder arbeiten müssen, entsteht für sie außerdem ein zusätzliches Betreuungsproblem.

Ziel- und Maßnahmen-Beispiel:

Ziel:　　*Verbindliche Urlaubsplanung für Eltern mit schulpflichtigen Kindern*

Maßnahme:　Die Urlaubswünsche von Eltern mit schulpflichtigen Kindern werden durch eine verbindliche Urlaubsregelung zu Beginn eines jeden Jahres bevorzugt berücksichtigt, um die Betreuung der Kinder sicherzustellen.

58

Vorteile:

- Vorausschauende Urlaubsplanung trägt dazu bei, dass die Mitarbeiter erholt und entspannt aus dem Urlaub zurückkehren und motiviert wieder an die Arbeit gehen können.

WEITERE MÖGLICHE MAßNAHMEN:

- **Abgestufte Teilzeit nach Erziehungsfreistellung**

- **Altersteilzeit**

- **Familienbedingte Teilzeitarbeit**

- **Flexible Pausenregelungen**

- **Freistellung zur Betreuung von Angehörigen**

- **Job-Sharing**

- **Lebensphasenorientierte Arbeitszeit**

- **Schichtarbeit**

- **Tätigkeit während der Erziehungsfreistellung**

Umsetzungsbereich 2 : Arbeitsorganisation

KURZBESCHREIBUNG

I
N
F
O

Die Arbeit in einem Unternehmen muss so organisiert werden, dass sie in möglichst optimalem Maße zur Verwirklichung der Unternehmensziele beiträgt. Zwar wird durch Handys und E-Mail eine permanente Erreichbarkeit erzeugt, diese birgt jedoch die Gefahr, genau deshalb auf die Organisation und Planung von Arbeitsaufgaben zu verzichten. In der Folge schleichen sich häufig „Zeitfresser" in die Arbeitsabläufe ein. Eine Entwicklung, die in Kombination mit der Fülle von Aufgaben, ihrer steigenden Komplexität und dem Anspruch, diese kurzfristig zu erfüllen, umso schwerer wiegt. Die Arbeit zu organisieren und Ressourcen effizient einzusetzen bedeutet deshalb, die Beschäftigten zu entlasten, Stress zu reduzieren und Ergebnisorientierung besser umzusetzen

Es muss festgelegt werden, welche Mitarbeiter oder Mitarbeitergruppen bestimmte Arbeitsaufträge übernehmen.

Um ein erfolgreiches Zusammenwirken der Mitarbeiter und der Arbeitsmittel zu bewirken, ist es allerdings auch wichtig, die menschlichen bzw. familiären Bedürfnisse der Mitarbeiter mit zu berücksichtigen.

Eine bessere Balance von Beruf und Familie kann durch eine flexible Gestaltung und Verteilung von Arbeitsaufträgen und Arbeitsfeldern, Mitarbeiterbeteiligung und Teamarbeit erreicht werden. Die Optimierung von Arbeitsabläufen trägt aber nicht nur zu einer besseren Vereinbarkeit von Beruf und Familie bei, sondern ist auch von Nutzen für das Unternehmen, das vom gesteigerten Wohlbefinden, erhöhter Motivation und Leistungsfähigkeit der Mitarbeiter profitiert.

LEITFRAGEN

? Wie kann der Aufgabenzuschnitt / Arbeitsablauf optimiert werden?

? Wie können gleichzeitig die Interessen der Beschäftigten besser berücksichtigt werden?

? Wie können Aufgaben so priorisiert werden, dass Stress reduziert wird und eine bessere Balance erzielt werden kann?

? Wie kann die zeitliche Abfolge je nach Wichtigkeit optimiert werden, um meine Beschäftigten / mich weiter zu entlasten?

? Wie kann mit einer verbesserten Organisation die Qualität gesteigert werden?

? Wie können in gewissen Lebensphasen Aufgabeninhalte neu zugeteilt werden?

? Wie können Aufgaben delegiert werden?

? Wie lassen sich Arbeitsinhalte detailliert(er) planen? Wie wird damit die Einsatzplanung für die Beschäftigten verbessert?

? In welchen Führungsrunden können Arbeitsumfang und -inhalte im Hinblick auf familiäre Belange erörtert und beschlossen werden?

? Welche Mitarbeitergruppen sind bei einer Reorganisation von Arbeitsabläufen zu beteiligen?

? Wie können Beschäftigte, die ihre Arbeit den familiären Bedürfnissen entsprechend selbst organisieren wollen, durch den Betrieb unterstützt werden?

? Welche Vertretungsregelungen sind erforderlich?

? Sollten Teams umstrukturiert oder vergrößert werden, um die Vertretungsmöglichkeiten auszuweiten?

? Wer kann wen und wie qualifizieren, damit auf kurzfristige, familiär bedingte Veränderung der Arbeitszeit besser reagiert werden kann?

? Sind geeignete Mittel und Wege zur Information der Beschäftigten und zur Kommunikation untereinander vorgesehen?

Nutzen

• Optimierung der Arbeitsabläufe und der Aufgaben

- Bessere Ausnutzung der Arbeitszeit, interessengerechterer Arbeitseinsatz
- Effizienterer Ressourceneinsatzes
- Besseres persönliches Zeitmanagement
- Vorausschauende Planung und Information
- Transparente, aktuelle Informationen für kurzfristige Reaktionsmöglichkeiten
- Entlastung der Beschäftigten durch Reduktion ungeplanter Arbeitseinsätze
- Reduktion von Stress durch Stellvertreter- regelung und Delegation an das Team
- Abflachung der Hierarchien durch verstärkte Delegation
- Erhöhung der Produktivität und Mitarbeiterleistung

Hürden

- Aufwand für Arbeitsanfall-Analysen und für fortlaufende Priorisierung der Arbeitsaufgaben
- Selbstkritische Auseinandersetzung mit der Arbeitsbelastung zeigt evtl. Führungsschwächen auf

- Anfängliche (zeit)intensive Auseinandersetzung mit einer besseren Planung
- Aufwand und Kosten für Informations-, Planungs- und Steuerungstool für die Führungskraft und das Team
- Angst vor Machtverlust bei den Führungskräften aufgrund der Delegation an das Team
- Mangelndes Vertrauen der Führungskräfte in das Team
- Aufwand für begleitende Qualifizierung
- Zeitbindung durch Umstrukturierung

CHECKLISTE:

Arbeitsorganisation

Bitte das Zutreffende ankreuzen!

✓ **Es findet eine Überprüfung der Arbeitsabläufe auch unter familiären Aspekten statt.**

☐ Ja ☐ Nein ☐ Teilweise

Überprüfungsfragen:

a. Ein Qualitätszirkel ist eingerichtet, der sich beispielsweise mit Arbeitsstrukturen und Umsetzungswegen beschäftigt und das Ziel verfolgt, die Balance von Beruf und Familie weiter auszubauen.

☐ Ja ☐ Nein ☐ Teilweise

b. Die Methode KVP (Kontinuierlicher Verbesserungsprozess) wird umgesetzt unter Berücksichtigung der Balance von Beruf und Familie.

☐ Ja ☐ Nein ☐ Teilweise

66

c. Bei der Planung von Außendienst-, bzw. Dienstreisetätigkeiten wird die familiäre Situation berücksichtigt.

☐ Ja   ☐ Nein   ☐ Teilweise

✓ **Bei der Teamarbeit werden familiäre Belange berücksichtigt.**

☐ Ja   ☐ Nein   ☐ Teilweise

Überprüfungsfragen:

a. Innerhalb der Teams kann selbstständig gearbeitet und können selbstständig Entscheidungen getroffen werden.

☐ Ja   ☐ Nein   ☐ Teilweise

b. Bei der Zusammensetzung der Teams wird die familiäre Situation der Mitarbeiter in die Planung mit einbezogen.

☐ Ja   ☐ Nein   ☐ Teilweise

c. Es existieren spezielle Regelungen für Mitarbeiter mit Kindern oder pflegebedürftigen Angehörigen.

	Ja	Nein
mit Kindern	☐	☐
mit pflegebedürftigen	☐	☐
Angehörigen		

d. Die Zeiten für Besprechungstermine werden unter Berücksichtigung der familiären Verpflichtungen der Mitarbeiter, besonders der Teilzeitkräfte, festgelegt.

☐ Ja   ☐ Nein   ☐ Teilweise

✓ **Bei der Umsetzung von Zielvereinbarungen und Vertretungsregelungen wird der Aspekt der Balance von Beruf und Familie mit berücksichtigt.**

☐ Ja   ☐ Nein   ☐ Teilweise

Überprüfungsfragen:

a. Beschäftigte mit Kindern und / oder pflegebedürftigen Angehörigen können aufgrund vorhandener Vertretungsregelungen den Arbeitsplatz (auch kurzfristig) verlassen,

68

um im Bedarfs- / Notfall ihren familiären Pflichten nachzugehen.

☐ Ja ☐ Nein ☐ Teilweise

b. Im Rahmen der Zielvereinbarungen wird die familiäre Situation berücksichtigt.

☐ Ja ☐ Nein ☐ Teilweise

c. Aufgrund von familiären Belastungssituationen können bereits vereinbarte Ziele abgeändert werden.

☐ Ja ☐ Nein ☐ Teilweise

✓ **Es existiert ein betriebliches Gesundheitsmanagement.**

☐ Ja ☐ Nein ☐ Teilweise

Überprüfungsfragen:

a. Für die Mitarbeiter, die mit verschiedenen Belastungen konfrontiert werden, bestehen Ausgleichs- oder Vorsorgemöglichkeiten.

	Ja	Nein
Medizinische Prophylaxe	☐	☐
Gesundheitsfördernde Maßnahmen (z.B. Entspannungs-, Bewegungstraining, Massage am Arbeitsplatz)	☐	☐
Sportliche Aktivitäten	☐	☐
Informationsveranstaltungen zu besonderen Gesundheitsrisiken	☐	☐

b. Die vorhandenen Angebote des betrieblichen Gesundheitsmanagements können auch von den Familienmitgliedern der Mitarbeiter genutzt werden.

☐ Ja   ☐ Nein   ☐ Teilweise

c. Die Mitarbeiter können zu bestimmten Zeiten ungestört und konzentriert arbeiten.

☐ Ja   ☐ Nein   ☐ Teilweise

d. Der Krankenstand wird analysiert.

☐ Ja   ☐ Nein   ☐ Teilweise

Falls Ja:

Bei der Analyse werden auch familienbedingte und private Kriterien berück-sichtigt.

☐ Ja ☐ Nein ☐ Teilweise

✓ **In bestimmten Fällen ist die Beteiligung der Mitarbeiter an der Unternehmensentwicklung ausdrücklich erwünscht.**

☐ Ja ☐ Nein ☐ Teilweise

Überprüfungsfragen:

a. Die Mitarbeiter werden über weit reichende strukturelle Veränderungen im Vorfeld in-formiert, wenn diese auch ihre eigene Berufs- und Wohnortplanung beeinflussen.

☐ Ja ☐ Nein ☐ Teilweise

b. Die Mitarbeiter haben im Vorfeld von derart weit reichenden Veränderungen ein Mit-spracherecht, um die anstehenden

71

Veränderungen sowie mögliche Alternativen gemeinsam zu erörtern.

☐ Ja   ☐ Nein   ☐ Teilweise

Anwendungsbeispiele aus der Praxis:

Bei Maßnahmen zu einer optimalen Arbeitsorganisation geht es darum, ein Gleichgewicht zwischen Mitarbeitern mit und ohne Familienpflichten sowie älteren und jüngeren Mitarbeitern herzustellen, also für eine allgemein gerechte Arbeitsorganisation zu sorgen. Dies ist auch angesichts des demografischen Wandels empfehlenswert.

Mögliche Maßnahmen im Umsetzungsbereich Arbeitsorganisation betreffen die Bereiche:

1. Überprüfung der Arbeitsabläufe
2. Chancengleichheit
3. Arbeiten im Alter
4. Gesundheitsmanagement
5. Aktive Beteiligung an der Unternehmensentwicklung

1. Überprüfung der Arbeitsabläufe

Die Organisation von Arbeitsabläufen spielt eine wichtige Rolle für die Produktivität der Mitarbeiter. Das Ausmaß an persönlichen Spielräumen, feste oder wechselnde Arbeitszeiten sowie das Arbeiten mit Kunden und bzw. oder in Projekten sind Faktoren, die die tägliche Arbeitssituation bestimmen und unterschiedliche Anforderungen an die Mitarbeiter stellen, die bewältigt werden müssen. Familienbewusste Maßnahmen in diesem Bereich befassen sich deshalb mit der Optimierung und Anpassung der täglichen Arbeitsabläufe an die Lebensumstände der Mitarbeiter.

Ziel- und Maßnahmen-Beispiel:

Ziel: *Überprüfung der Arbeitsorganisation unter dem Aspekt des demografischen Wandels*

Maßnahme: Die demografische Entwicklung und deren Folgen für das Unternehmen und die Mitarbeiter werden aktiv beobachtet.

74

Umsetzungsschritt 1:

Beschäftigte werden unabhängig von ihrem Alter weiterqualifiziert.

Umsetzungsschritt 2:

Stellenbesetzungen erfolgen bedarfsgerecht ohne Altersbeschränkung

Umsetzungsschritt 3:

Zur Nachwuchssicherung werden Auszubildenden übernommen.

Umsetzungsschritt 4:

Praktikumsplätzen für Angehörige und ausländische Studierende werden bereitgestellt.

Vorteile:

- Verhinderung von Stagnation und Initiierung innovativer Maßnahmen

75

2. Chancengleichheit

In Teams arbeiten oft Mitarbeiter mit und ohne Familienpflichten Hand in Hand. Die richtige Balance zu finden und allen Mitarbeitern gerecht zu werden ist nicht immer ganz einfach. Schnell geht die zeitweise Umstellung der Arbeitszeit eines Mitarbeiters in der Ferienzeit seines Kindes zu Lasten seines Kollegen ohne Familienpflichten.

Umgekehrt können Teilzeitkräften Nachteile entstehen, weil ihnen durch festgelegte Besprechungstermine eine zusätzliche Anwesenheitspflicht auferlegt wird oder sie Besprechungen versäumen, wodurch ihnen eventuell wichtige Informationen zu anstehenden Veränderungen oder betriebsbedingt notwendiger Mehrarbeit entgehen.

> ### *Ziel- und Maßnahmen-Beispiel:*

Ziel: *Chancengleichheit optimieren*

Maßnahme: Teilzeitkräfte werden aktiv in alle Maßnahmen eingebunden.

76

Vorteile:

- Sicherstellen des Informationsflusses
- Rechtzeitige Einstellung auf Veränderungen

Wichtig:

Die Verteilung von Arbeitsaufgaben unter Berücksichtigung der Bedürfnisse von Eltern mit betreuungspflichtigen Kindern darf nicht zu Lasten von Mitarbeitern ohne Familienpflichten gehen. Denn dies kann dazu führen, dass sich Mitarbeiter ohne Familienpflichten benachteiligt fühlen, was sich letztlich negativ auf das Betriebsklima und damit auch auf das Unternehmensergebnis auswirken kann.

3. Arbeiten im Alter

In Zeiten des demografischen Wandels ist es nicht nur wichtig, familienbewusste Maßnahmen zu schaffen, um hoch qualifizierte und motivierte junge Leistungsträger zu binden, sondern es bedarf auch Maßnahmen, die helfen ältere Mitarbeiter ihren Fähigkeiten und ihrer Leistungsfähigkeit entsprechend zu integrieren.

Teamarbeit in altersgemischten Teams ist eine Möglichkeit, von der sowohl jüngere als auch ältere Mitarbeiter und damit letztlich das Unternehmen profitieren kann.

Teamarbeit ist aber nicht nur effizienter als Einzelarbeit, sie ermöglicht den Mitarbeitern, egal ob mit oder ohne Familienpflichten, auch eine höhere Flexibilität im Alltag. Es werden bestimmte Aufgaben an eigenverantwortlich arbeitende Teams übergeben, die innerhalb des Teams selbst klären, wer zu welchem Zeitpunkt eine bestimmte Aufgabe übernimmt und wann diese fertig gestellt sein muss.

Ziel- und Maßnahmen-Beispiel:

Ziel: *Beruf und Älterwerden*

Maßnahme: Ältere und jüngere Mitarbeiter werden bewusst in Teams zusammengeführt.

Umsetzungsschritt 1:

78

Es soll eine stärkere Wahrnehmung bereits bestehender altersgemischter Teams erreicht werden.

Umsetzungsschritt 2:
Bereits bestehende Teams werden gestärkt und verstärkt.

Umsetzungsschritt 3:
In Personalgesprächen wird auf dieses Modell hingezielt.

Vorteile:

- Zusammenführung unterschiedlichster Kenntnisse und Fähigkeiten

4. Gesundheitsmanagement

Jeden Tag werden die Mitarbeiter mit den unterschiedlichsten Belastungen konfrontiert. Stetig wachsende Anforderungen, Zeitdruck und Erfolgszwang oder starke körperliche Belastungen etwa durch die Arbeit an Fertigungsmaschinen, stellen hohe Ansprüche an die Mitarbeiter. In wie weit die täglichen Anforderungen die Gesundheit der Mitarbeiter beeinträchtigen, hängt von mehreren Faktoren ab: Auf der einen Seite von der physischen und psychischen Befindlichkeit und dem Verhalten jedes Einzelnen und auf der anderen Seite auch von betrieblichen Rahmenbedingungen. Um die Gesundheitsrisiken möglichst zu minimieren, bedarf es deshalb eines ausgeglichenen Verhältnisses zwischen Körper und Geist.

Ziel- und Maßnahmen-Beispiel:

Ziel: ***Entwicklung eines betrieblichen Gesundheitsmanagements***

Maßnahme: In Zusammenarbeit mit externen Anbietern werden Veranstaltungen und Informationen zu

- Gesundheitsbewusster Einstellung
- Förderung der körperlichen Fitness

80

- Förderung eines gesunden Ernährungsverhaltens

- Vermittlung von Methoden zur Stressbewältigung

angeboten.

Beratung über Ergonomie am Arbeitsplatz sowie Seh- und Hör-Tests werden durchgeführt.

Umsetzungsschritt 1:

Es erfolgen regelmäßige Angebote in den verschiedenen Bereichen.

Umsetzungsschritt 2:

Die Resonanz wird bspw. über die Teilnehmerzahlen ausgewertet.

Vorteile:

- Gesunde Beschäftigte sind in der Regel auch ausgeglichen, zufrieden und motiviert.

- Reduktion krankheitsbedingter Fehlzeiten oder Ausfälle, dadurch

- Kostensenkung und Steigerung der Produktivität

5. Aktive Beteiligung der Mitarbeiter an der Unternehmensentwicklung

Unternehmerischer Erfolg lässt sich nur dann verwirklichen, wenn eine mittel- bis langfristig angelegte Strategie verfolgt wird. Die für diese Strategie notwendigen Planungsmaßnahmen betreffen sowohl die wirtschaftliche Seite des Unternehmens als auch die sozialen und familiären Belange der Mitarbeiter. Um eine möglichst ausgewogene Balance zwischen den Unternehmenszielen und den Bedürfnissen der Mitarbeiter zu erreichen, bedarf es der Abstimmung von bevorstehenden Maßnahmen. Denn der unternehmerische Erfolg ist in einem nicht unerheblichen Maß von der Zufriedenheit der Mitarbeiter abhängig.

Ziel- und Maßnahmen-Beispiel:

Ziel: *Weitere und kontinuierliche Einbindung der Mitarbeiter in die Unternehmensentwicklung*

Maßnahme: Informationen, über Projekte, die das Arbeitsumfeld und den Arbeitsplatz betreffen werden, so früh wie möglich weitergegeben

Umsetzungsschritte:

1.) Vor der Einführung von Neuerungen erfolgt ein Coaching für die Führungskräfte.

2.) Informationsveranstaltung für die Beschäftigten des betroffenen Bereichs

3.) Roundtable Gespräche (alle 2 Monate) zwischen Unternehmens- /Bereichsleitern

4.) Weihnachtsfrühstück um Entwicklungen des Jahres zu besprechen

Vorteile:

- Die frühzeitige Weitergabe von Informationen und die Möglichkeit Probleme offen anzusprechen und zu diskutieren führen dazu, dass Entscheidungen der Unternehmensführung nicht als „von oben herabkommandiert" wahrgenommen werden.

- Die aktive Einbindung der Mitarbeiter fördert Verantwortungsbewusstsein und verantwortliches Handeln.

WEITERE MÖGLICHE MAßNAHMEN:

- **Kommunikationszeiten**
- **Krankenstands-Analyse**

- **Qualitätszirkel**

- **Teamarbeit**

- **Teambildung**

- **Überprüfung von Arbeitsabläufen**

- **Zielvereinbarungen**

UMSETZUNGSBEREICH 3:

ARBEITSORT

KURZBESCHREIBUNG

Die Anwendung moderner Informations- und
Kommunikationstechnologien ermöglicht flexible
Arbeitsorte. Ob zu Hause oder in einem externen Büro
gearbeitet wird, E-Mail, Internet und Mobilfunk-Tele-

**I
N
F
O**

85

kommunikation schaffen den kontinuierlichen Zugriff auf Informationen und einen Austausch mit dem Unternehmen. Der Einsatz dieser modernen Informations- und Kommunikationstechnologien eröffnet die Möglichkeit flexibler Arbeitsformen und damit für die Mitarbeiter die Chance, Beruf und Familie besser vereinbaren zu können.

Der zeitliche Umfang, den Beschäftigte außerhalb des Betriebes arbeiten, ist dabei variabel und reicht von gelegentlichen Stunden am Laptop bis hin zu regelmäßiger Teleheimarbeit, die oft eine völlige Flexibilisierung der Arbeitszeit auf Basis fest vereinbarter Arbeitsinhalte bedeutet. Ein kritischer Punkt ist dabei die fortdauernde Integration des Beschäftigten in das betriebliche Geschehen. Deshalb werden Modelle, in denen betriebsexterne und –interne Arbeitsorte sich abwechseln, reinen Telearbeitsplätzen oft vorgezogen.

Flexible Arbeitsorte bergen klare Vorteile. So sparen Beschäftigte nicht nur Wegzeiten, sondern können die Arbeitsaufgaben entsprechend ihrer individuellen Leistungsfähigkeit über den Tag gestalten. Dies führt häufig zu einer höheren Leistungsbereitschaft und Produktivität. Zusätzlich spart der Betrieb Bürokosten, wenn mehrere Beschäftigte abwechselnd einen Arbeitsplatz nutzen. Die notwendigen Investitionen für die Einrichtung eines Teleheimarbeitsplatzes – oft nicht mehr als die Bereitstellung eines Laptops und das Senden der Arbeitsaufgaben – machen sich damit oft schnell bezahlt. Die Notwendigkeit geeigneter Kinderbetreuungsmöglichkeiten bleibt aber auch bei Teleheimarbeit weiter bestehen. Es muss ein Raum zum ungestörten Arbeiten geschaffen werden, sonst verursacht das Modell zusätzliche Spannungen für den Beschäftigten.

Mobile Formen der Arbeit

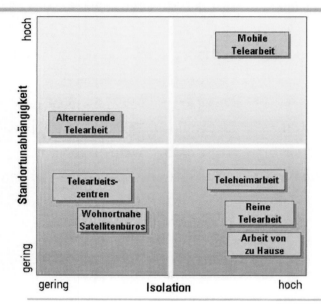

© Fauth-Herkner & Partner

LEITFRAGEN

a)   Unternehmen

? Welche Formen eines flexiblen Arbeitsortes –
dezentrale / alternierende (Tele)Arbeitsplätze -
sind für   das Unternehmen geeignet?

? Welche Abteilungen / Aufgabenbereiche im
Unternehmen eignen sich dafür?

? Wie passt ein flexibler Arbeitsort zum
Arbeitsablauf?

? Wie läuft die Kommunikation mit internen /
externen Kunden?

? Wie wird der Austausch zwischen dem
Unternehmen und dem Beschäftigten an einem
dezentralen Arbeitsplatz gesichert?

b)   Beschäftigte

? Welche Beschäftigten des Unternehmens
wünschen einen flexiblen Arbeitsort und in
welcher Form? Wer eignet sich für die
Umsetzung?

? Arbeitet der Beschäftigte bereits selbstverantwortlich und eigenständig oder bringt er die Voraussetzungen dafür mit?

? Unterstützen die Führungskräfte einen flexiblen Arbeitsort? Besteht ein Vertrauensverhältnis zum Mitarbeiter?

? Möchten Beschäftigte mit ihren Arbeiten allein oder im Team dezentral arbeiten?

c) Organisation

? Welche Möglichkeiten zur Arbeitsaufgabendelegation / Kommunikation sind erforderlich?

? Existieren geeignete Räumlichkeiten für den auszulagernden Arbeitsplatz?

? Wiegt der Nutzen eines ausgelagerten Arbeitsplatzes seine Kosten auf?

? Umsetzung

? Wer wird das Projekt flexibler Arbeitsort unterstützen und begleiten?

? Wie werden die Beschäftigten über den flexiblen Arbeitsort informiert?

? Wer benötigt dafür Vorbereitung oder Schulung?

90

? Wie müssen die Betroffenen vorbereitet oder geschult werden?

? Wie wird überprüft, ob die Umsetzung erfolgreich war?

? Wer prüft, ob die Umsetzung erfolgreich war?

Nutzen

- Mehr Leistungsbereitschaft und Produktivität durch größere Gestaltungsfreiräume
- Erweiterung des Personalmarktes für Unternehmen durch Einbeziehung qualifizierter Fachkräfte mit Familien
- Vergrößerung des räumlichen Einzugsgebietes von potentiellen Beschäftigten
- Erweiterung der Service- und Ansprechzeiten
- Einsparung von Arbeitsplätzen bei reiner Telearbeit bzw. Kostenreduzierung bei alternierender Telearbeit durch Arbeitsplatzteilung
- Sinkender Stress durch weniger Fahrwege zum / vom Arbeitsplatz und flexible Fahrzeiten auch außerhalb der Stoßzeiten

- Verlagerung der Fahrtzeiten außerhalb der Spitzenzeiten
- Hohe Leistungen in oftmals kürzerer Zeit, hohe Eigenmotivation
- Gutes „Trainingsfeld" für persönliches Zeitmanagement und Eigenverantwortung
- Gute Einfälle können auch außerhalb der Arbeitszeit / des Büros umgesetzt werden

Hürden

- Erfordert bei Beschäftigten und Vorgesetzten ein höheres Maß an Selbstständigkeit, Entscheidungsinitiative, Verantwortungs- und Delegationsbereitschaft
- Telearbeit oder Arbeit von zu Hause ersetzt nicht die Kinderbetreuung
- Erhöhte Anforderungen an die Aufgabenbeschreibung und Kommunikation mit dem Beschäftigten
- Fortdauernde Notwendigkeit von Präsenzzeiten im Betrieb, um den / die Mitarbeiter/-in weiter in den Unternehmensalltag einzubinden;

Lösungsmöglichkeit: Regelmäßige

„Kommunikationstage"

- Sozialversicherungsrechtliche Absicherungen am heimatlichen Arbeitsplatz müssen geregelt werden
- Zusammenarbeit mit den Kollegen klären
- Sicherstellung der Kommunikation mit internen/externen Kunden
- Effiziente Kommunikationswege gestalten
- Räumlichkeiten des Beschäftigten müssen sich für den auszulagernden Arbeitsplatz eignen

CHECKLISTE:

Arbeitsort

Bitte das Zutreffende ankreuzen!

✓ **Den Mitarbeitern ist es möglich ausschließlich von zu Hause bzw. von zwei oder mehreren fest eingerichteten Arbeitsorten zu arbeiten.**

☐ Ja   ☐ Nein   ☐ Teilweise

Überprüfungsfragen:

a. Den Mitarbeitern werden verschiedene Formen der Telearbeit angeboten, bzw. es wären verschiedene Formen der Telearbeit möglich.

	Ja	Nein
Teleheimarbeit	☐	☐
Alternierende Telearbeit	☐	☐
Satellitenbüro	☐	☐
Mobile Telearbeit	☐	☐

Arbeit mit nach Hause ☐ ☐

nehmen

b. Beschäftigte mit familiären Verpflichtungen haben einen bevorzugten Anspruch auf einen Telearbeitsplatz.

☐ Ja ☐ Nein ☐ Teilweise

Falls Ja:

Es handelt sich dabei um einen zeitlich befristeten Anspruch.

☐ Ja ☐ Nein ☐ Teilweise

✓ **Eine flexible Gestaltung des Arbeitsortes ist je nach Bedarf und familiären Gegebenheiten möglich.**

☐ Ja ☐ Nein ☐ Teilweise

95

Überprüfungsfragen:

a. Bestimmte Mitarbeiter können Arbeiten von zu Hause – ohne einen fest eingerichteten Arbeitsplatz – erledigen.

☐ Ja   ☐ Nein   ☐ Teilweise

b. Für eine flexible Gestaltung des Arbeitsortes stehen ausreichend Geräte – wie Notebooks oder Kopierer – zur Verfügung.

☐ Ja   ☐ Nein   ☐ Teilweise

c. Es existieren allen Mitarbeitern bekannte Vereinbarungen, die die flexible Gestaltung des Arbeitsortes regeln.

☐ Ja   ☐ Nein   ☐ Teilweise

d. Mitarbeiter mit familiären Verpflichtungen haben Vorrang bei der flexiblen Gestaltung des Arbeitsortes.

☐ Ja   ☐ Nein   ☐ Teilweise

✓ **Es existieren weitere flankierende Maßnahmen.**

☐ Ja   ☐ Nein   ☐ Teilweise

Überprüfungsfragen:

a. Es existieren feste Ansprech-, Dienst- und Präsenzzeiten.

☐ Ja   ☐ Nein   ☐ Teilweise

b. Die Kommunikation mit dezentral arbeitenden Mitarbeitern wird unterstützt.

☐ Ja   ☐ Nein   ☐ Teilweise

Falls Ja:

Wodurch wird die Kommunikation unterstützt:

	Ja	Nein
Telefonweiterleitung	☐	☐
Externer Zugriff auf Firmenserver	☐	☐
Standleitung	☐	☐

c. Arbeitsplätze zu Hause werden, durch die Beteiligung bzw. Übernahme der Kosten für technische Ausstattung, Notebook und Mobilfunk, unterstützt.

☐ Ja ☐ Nein ☐ Teilweise

Anwendungsbeispiele aus der Praxis:

Bevor Lösungen zur flexiblen Arbeitsortgestaltung umgesetzt werden, muss zunächst geklärt werden, was hierunter verstanden wird und für welche Mitarbeiter / Arbeitsplätze diese Maßnahmen überhaupt in Frage kommen. Der flexible Arbeitsort kann Mitarbeitern mit Familienpflichten helfen, (in Notsituationen) ihre Tätigkeit auch weiterhin ausüben zu können und sichert dem Unternehmen damit dauerhaft die Arbeitskraft der betroffenen Mitarbeiter.

Im Umsetzungsbereich Arbeitsort können folgende Maßnahmen dazu beitragen, den Mitarbeitern eine bessere Balancet von Beruf und Familie zu ermöglichen:

1. Definition – Was ist ein flexibler Arbeitsort
2. Voraussetzungen und Grenzen der flexiblen Arbeitsortgestaltung
3. Mitarbeiterinformation stärken
4. Arbeitsplatzwechsel innerhalb eines Konzerns
5. Telearbeit

1. Definition – Was ist ein flexibler Arbeitsort

Die Betreuung von Kindern oder pflegebedürftigen Angehörigen sind typische Situationen, die Mitarbeitern
eine Tätigkeit unter normalen Umständen erschweren
oder unmöglich machen. Deshalb sollte das
Unternehmen an Lösungen arbeiten, die Mitarbeitern,
deren Tätigkeitsbereich dafür geeignet ist, die
Möglichkeit eröffnet von einem festen Arbeitsplatz zu
Hause, an einem mobilen Arbeitsplatz oder alternierend
im Büro und von zu Hause aus zu arbeiten. Die
Zeiteinteilung für die Erwerbsarbeit kann so die Zeit für
die Familienarbeit berücksichtigen, und zu Terminen, an
denen eine Anwesenheit im Unternehmen erforderlich
ist, kann dort gearbeitet werden.

Ziel- und Maßnahmen-Beispiel:

Ziel: ***Klärung der Rahmenbedingungen zur
flexiblen Gestaltung des Arbeitsortes***

Maßnahme: Die Unterschiede zwischen „mobilem
Arbeitsplatz" und „festem Arbeitsplatz zu

Hause" werden aufgezeigt und eindeutig definiert.

2. Vorraussetzungen und Grenzen der flexiblen Arbeitsortgestaltung

In vielen Tätigkeitsbereichen fallen Arbeiten an, die weder an den eigentlichen Arbeitsplatz im Unternehmen noch an die Unterstützung von Kolleginnen und Kollegen gebunden sind. Die Möglichkeit diese Tätigkeiten auch von zu Hause aus erledigen zu können, hilft Mitarbeitern mit Familienpflichten einen eventuell entstehenden Betreuungsmangel aufzufangen. Die Mitarbeiter erhalten dadurch Freiraum für eine effektive Leistungserbringung. Andererseits besteht die Gefahr, dass durch die zeitweise Abwesenheit des Mitarbeiters ein Informationsdefizit über die Vorgänge innerhalb des Unternehmens entsteht, dem entgegengewirkt werden muss.

Ziel- und Maßnahmen-Beispiel:

Ziel: **Bedingungen für die Ausgestaltung des flexiblen Arbeitsortes**

Maßnahme: Die Kommunikation und die Arbeitsabläufe im Team und mit dem Team werden durch Regelungen sicher gestellt.

3. Mitarbeiterinformation ausbauen

Die Situationen, die das Familienleben der Mitarbeiter bestimmen, sind einem permanenten Wandel unterworfen und fordern immer wieder neue, individuelle Lösungen, die diesen veränderten Bedingungen angepasst sind. Deshalb sind verschiedene Möglichkeiten zur flexiblen Gestaltung des Arbeitsortes wichtig. Damit die Mitarbeiter im Bedarfsfall auch Gebrauch von diesen unterschiedlichen Optionen machen können, müssen sie über die Angebote, die ein Unternehmen ihnen bietet, informiert sein. Allgemeine Informationen wie sie z.B. eine entsprechende Broschüre präsentiert, sind ein erster Schritt auf diesem Weg. Wichtiger ist jedoch, dass die Vorgesetzten der betroffenen Mitarbeiter gut informiert sind und im Bedarfsfall helfen oder auf kompetente Ansprechpartner verweisen können.

Ziel- und Maßnahmen-Beispiel:

Ziel: **Klärung aller Möglichkeiten zur flexiblen Gestaltung des Arbeitsortes**

Maßnahme: Die Vor- und Nachteile der flexiblen Gestaltung des Arbeitsortes werden verdeutlicht.

:

4. Arbeitsplatzwechsel innerhalb eines Konzerns

Der Wunsch, den bisherigen Arbeitsplatz zu wechseln, kann viele Ursachen haben: Ein Mitarbeiter ist unzufrieden mit seinem Aufgabengebiet oder sucht neue berufliche Herausforderungen. Manchmal sind es aber auch familiäre Gründe, die den Mitarbeiter zu einem Wechsel bewegen. Wenn beispielsweise die Eltern eines Beschäftigten, die weit entfernt leben, plötzlich Hilfe bei der Bewältigung ihres Alltags benötigen oder aber der Partner eines Mitarbeiters an einen neuen Tätigkeitsort versetzt wird. Die Trennung von den nächsten Angehörigen während der Arbeitswoche fällt in niemals leicht. Ein Vorteil der Beschäftigung in einem großen Unternehmen: Für den Arbeitsplatzwechsel ist nicht gleich eine Kündigung mit allen damit verbunden Risiken notwendig. Große Unternehmen bieten ihren Mitarbeitern die Chance, sich über interne Stellenausschreibungen auf freie Positionen innerhalb des Konzerns zu bewerben.

Ziel- und Maßnahmen-Beispiel:

Ziel: *Aufzeigen der Möglichkeiten flexibler Arbeitsorte durch einen Wechsel innerhalb eines Konzerns bundesweit*

Maßnahme: Die Möglichkeiten der flexiblen Gestaltung des Arbeitsortes bundesweit werden unter Berücksichtigung von familiären Verpflichtungen bedarfsgerecht aufgezeigt.

5. Telearbeit

Telearbeit erlaubt sowohl dem Unternehmen als auch den jeweiligen Mitarbeitern eine höhere zeitliche und räumliche Flexibilität. Sie eröffnet neue Perspektiven, um eine bessere Balance zwischen Beruf und Familie zu schaffen. Andererseits erfordert Telearbeit aber auch einen erhöhten Kommunikationsaufwand der durch die zeitweise Abwesenheit vom Arbeitsplatz entsteht. Es muss gewährleistet sein, dass der Mitarbeiter alle relevanten Informationen erhält, um die weitere Tätigkeit nicht zu erschweren. Zudem erfordert Telearbeit ein hohes Maß an Selbstdisziplin, da dem Mitarbeiter die freie Gestaltung seiner Arbeitszeit obliegt.

Ziel- und Maßnahmen-Beispiel:

Ziel: **E-Mails außerhalb des Unternehmens abrufen**

Maßnahme: Alle Mitarbeiter werden über die Nutzung von E-Mail-Programmen zum Abrufen von E-Mails von zu Hause informiert.

MÖGLICHE WEITERE MAßNAHMEN:

- **Alternierende Telearbeit**
- **Arbeit von zu Hause**
- **Mobile Telearbeit**

UMSETZUNGSBEREICH 4:

INFORMATION UND KOMMUNIKATION

KURZBESCHREIBUNG

Für die Beschäftigten dokumentiert sich die Mitarbeiterorientierung eines Unternehmens in einer verantwortungsvollen und familienbewussten Personalpolitik. Um das Engagement für die Beschäftigten und deren Angehörigen bei allen Mitarbeitern und deren Angehörigen stets präsent zu halten, bedarf es einer ausgewogenen Informations- und Kommunikationspolitik, die verdeutlicht, dass

**I
N
F
O**

107

Beschäftigte mit Kindern oder hilfs- bzw. pflegebedürftigen Angehörigen mit ihren familiären Verpflichtungen akzeptiert und „Familien-Karrieren" aktiv unterstützt werden.

Deshalb geht es in diesem Umsetzungsbereich um die Optimierung der Mitarbeiterinformation bezüglich der möglichen familienbewussten Maßnahmen. Es werden Werkzeuge vorgestellt, die dabei helfen, die Mitarbeiter und deren Angehörige über Art und Umfang der familienbewussten Maßnahmen und über die Möglichkeiten der persönlichen Inanspruchnahme zu informieren.

CHECKLISTE:

Information und Kommunikation

✍ *Bitte das Zutreffende ankreuzen!*

✓ **Das Engagement des Unternehmens bezüglich durchgeführter Maßnahmen zur besseren Balance von Beruf und Familie wird mit verschiedenen Informationsmitteln kommuniziert.**

☐ Ja   ☐ Nein   ☐ Teilweise

Überprüfungsfragen:

a. Es stehen unterschiedliche Informationsmittel zur Verfügung, um das Engagement intern und extern zu kommunizieren.

	Ja	Nein
Broschüre	☐	☐
Intranet	☐	☐
Internet	☐	☐
Schwarzes Brett	☐	☐

Hausmitteilungen ☐ ☐

Merkblätter ☐ ☐

Rundmail ☐ ☐

Mitarbeiterzeitung ☐ ☐

Turnus [   ]

b. Die vorhandenen Informationsmittel werden entsprechend genutzt.

☐ Ja ☐ Nein ☐ Teilweise

c. Das Thema Balance von Beruf und Familie wird kontinuierlich und anschaulich mit entsprechenden Beispielen aus der Unternehmenspraxis publiziert.

☐ Ja ☐ Nein ☐ Teilweise

✓ **Aktuelle Maßnahmen zur Balance von Beruf und Familie werden über unterschiedliche Informationswege thematisiert.**

☐ Ja ☐ Nein ☐ Teilweise

Überprüfungsfragen:

a. Es existieren verschiedene Informationswege, auf denen die Balance von Beruf und
   Familie thematisiert wird.

   ☐ Ja   ☐ Nein   ☐ Teilweise

Falls Ja:

Auf welchen Wegen wird die Balance von
Beruf und Familie thematisiert?

	Ja	Nein
Betriebs-/Personalversammlung	☐	☐
Betriebsfest	☐	☐
Betriebsausflug	☐	☐

b. Die Familienangehörigen der Mitarbeiter
   können an den entsprechenden Veranstaltungen ebenfalls teilnehmen.

   ☐ Ja   ☐ Nein   ☐ Teilweise

c. Es existieren spezielle Veranstaltungen für
   Mitarbeiter und deren Angehörige.

111

☐ Ja ☐ Nein ☐ Teilweise

d. Mitarbeiter haben die Möglichkeit zum informellen Austausch/Gespräch abseits des Berufsalltags.

☐ Ja ☐ Nein ☐ Teilweise

✓ **Es werden zielgruppenspezifische Informationen über Angebote und Möglichkeiten, Beruf und Familie besser zu vereinbaren, weitergegeben.**

☐ Ja ☐ Nein ☐ Teilweise

Überprüfungsfragen:

a. Mitarbeiter in Freistellungszeiten erhalten Informationen zu diesem Thema.

☐ Ja ☐ Nein ☐ Teilweise

b. Ehe- und Lebenspartner werden über Aktivitäten und Möglichkeiten rund um das Thema der Vereinbarkeit von Beruf und Familie informiert.

☐ Ja ☐ Nein ☐ Teilweise

112

c. Es findet eine gezielte Weitergabe von Informationen an bestimmte Zielgruppen statt.

☐ Ja   ☐ Nein   ☐ Teilweise

✓ **Den Mitarbeitern stehen Ansprechpartner für Fragen rund um das Thema der Balance von Beruf und Familie zur Verfügung.**

☐ Ja   ☐ Nein   ☐ Teilweise

Überprüfungsfragen:

a. Es gibt offizielle Ansprechpartner für unterschiedliche Anliegen.

	Ja	Nein
Frauenbeauftragte/r	☐	☐
Männerbeauftragte/r	☐	☐
Genderbeauftragte/r	☐	☐
Gleichstellungsbeauftragte/r	☐	☐
Familienbeauftragte/r	☐	☐

113

Diversitybeauftragte/r ☐ ☐

b. Die entsprechenden Ansprechpartner sind den Mitarbeitern mit ihrer jeweiligen Funktion und ihren jeweiligen Aufgaben bekannt.

☐ Ja ☐ Nein ☐ Teilweise

c. Die Ansprechpartner verfügen über ausreichende Kompetenzen und Ressourcen.

☐ Ja ☐ Nein ☐ Teilweise

✓ **Die Balance von Beruf und Familie wird über alle Hierarchieebenen thematisiert und weiterentwickelt.**

☐ Ja ☐ Nein ☐ Teilweise

Überprüfungsfragen:

a. Es gibt Diskussionsrunden mit Teilnehmenden unterschiedlicher Hierarchieebenen zu Fragen der Schnittstelle von Berufs- und Privatleben.

☐ Ja ☐ Nein ☐ Teilweise

114

b. Eine Projektgruppe / ein Arbeitskreis ist eingerichtet, die / der sich speziell mit bestehenden Problemen an der Schnittstelle befasst.

☐ Ja   ☐ Nein   ☐ Teilweise

c. Mitarbeiter können eine speziell eingerichtete Sprechstunde nutzen, in der die Probleme an der Schnittstelle sowie Lösungsvorschläge offen diskutieren können.

☐ Ja   ☐ Nein   ☐ Teilweise

d. Im Unternehmen werden Mitarbeiterbefragungen und Interviews durchgeführt, um die Zufriedenheit, Lösungsvorschläge und Wünsche in Sachen Mitarbeiterorientierung und Vereinbarkeit zu erfragen.

☐ Ja   ☐ Nein   ☐ Teilweise

e. Es gibt ein betriebliches Vorschlagswesen.

☐ Ja ☐ Nein ☐ Teilweise

✓ **Das Unternehmen engagiert sich außerbetrieblich zum Thema Balance von Beruf und Familie.**

☐ Ja ☐ Nein ☐ Teilweise

Überprüfungsfragen:

a. Auf öffentlichen Veranstaltungen, wie etwa Tag der offenen Tür, wird das innerbetriebliche Engagement zum Thema der Vereinbarkeit vorgestellt.

☐ Ja ☐ Nein ☐ Teilweise

b. Das Unternehmen engagiert sich im Rahmen der Öffentlichkeitsarbeit.

☐ Ja ☐ Nein ☐ Teilweise

Falls Ja:

Auf welche Weise erfolgt dieses
Engagement?

	Ja	Nein
(überregionale) Arbeitsgruppen	☐	☐
Lokale Bündnisse für Familie	☐	☐

c. Es gibt Aktionen zu Corporate Social Responsibility (CSR), Social Sponsoring bzw. andere Spendenaktionen.

☐ Ja   ☐ Nein   ☐ Teilweise

117

Anwendungsbeispiele aus der Praxis:

Gerade bei Mitarbeitern mit Familienpflichten stehen durch familiäre Veränderungen, etwa durch die Geburt eines weiteren Kindes, durch eine Einschulung oder eine plötzliche Pflegesituation vielfältige Entscheidungen an, für die unterschiedliche Informationen eingeholt werden müssen. Um den Beschäftigten eine optimale Nutzung der familienbewussten Maßnahmen zu eröffnen, besteht die Notwendigkeit einer ausgewogenen Informations- und Kommunikationspolitik.

Im Umsetzungsbereich Informations- und Kommunikationspolitik können folgende Maßnahmen dazu beitragen, die Mitarbeiter über die Möglichkeiten zur besseren Balance von Beruf und Familie zu informieren:

1. Überprüfung und Optimierung vorhandener Maßnahmen
2. Einzelfallspezifische Informationen
3. Betriebsinformationen – interne Kommunikation
4. Öffentlichkeitsarbeit – externe Kommunikation

1. Überprüfung und Optimierung vorhandener Maßnahmen

Ausführliche Informationen zu familienfreundlichen Maßnahmen erhöhen die Akzeptanz und Nutzung der zur Verfügung stehenden Angebote, deshalb ist ein Ausbau und eine Verbesserung des Informationsflusses zum Thema der Balamce von Beruf und Familie innerhalb des Unternehmens sinnvoll. Bevor jedoch neue Maßnahmen zur besseren Information der Mitarbeiter ergriffen werden können, gilt es zunächst zu klären, worin die Probleme der bisherigen Informations- und Kommunikationspolitik bestehen.

Eine Mitarbeiterbefragung ist eine gute Gelegenheit mehr über die Probleme und Wünsche der Mitarbeiter zu erfahren. Die Ergebnisse einer solchen Befragung können dazu dienen, ein zielgruppengerechtes Kommunikationskonzept zu erstellen und bei Bedarf weitere Kommunikationsmittel bereitzustellen.

Ziel- und Maßnahmen-Beispiel:

Ziel: *Optimierung der bestehenden Kommunikationsmittel und –wege*

Maßnahme: Die Informationen über die Angebote des Unternehmens zur Balance von Beruf und Familie werden zielgruppengerecht aufbereitet und weitergegeben.

2. Einzelfallspezifische Informationen

Aus dem Wunsch Familie und Beruf zu vereinbaren, resultieren spezifische Probleme, die individuelle Lösungen erfordern: Probleme des Zeitmanagements, der Balance zwischen teils widerstrebenden Interessen und ökonomischen Notwendigkeiten.

Neben allgemeinen Informationen zu Maßnahmen, die die bessere Vereinbarkeit von Beruf und Familie fördern, können deshalb Teambesprechungen oder individuelle Sprechstunden mit Vorgesetzten oder Ansprechpartnern für alle Belange, die eine gute Balance von Familie und

Berufsleben betreffen, sinnvoll sein. Die Mitarbeiter erhalten über die Sprechstunden die Möglichkeit, individuelle Probleme an der Schnittstelle von Beruf- und Privatleben sowie Lösungsmöglichkeiten anzusprechen und in Zusammenarbeit mit dem jeweiligen Ansprechpartner die weiteren Schritte für eine familienfreundliche Balance zu planen.

Ziel- und Maßnahmen-Beispiel:

Ziel: **Optimierung der persönlichen Kommunikation**

Maßnahme: Personalverantwortliche bieten feste Sprechstunden für die Beschäftigten an

3. Mitarbeiterinformation – interne Kommunikation

Häufig wird innerbetriebliche Kommunikation mit einseitiger Information gleichgesetzt. Zu selten wird die Frage gestellt, welche Informationen die Beschäftigten tatsächlich benötigen. Damit die Mitarbeiter von den

121

bestehenden Maßnahmen zur besseren Vereinbarkeit von Beruf und Familie in einem sehr hohen Maß profitieren können, bedarf es einer optimierten internen Kommunikation. So können beispielsweise über regelmäßige Meetings, eine Mitarbeiterzeitung und das Intranet Fragen zur Balance von Berufs- und Privatleben thematisiert, typische Problemkonstellationen diskutiert, Tipps und Anregungen ausgetauscht sowie positive Best practice-Beispiele vorgestellt werden. Speziell entwickelte Broschüren, helfen, Mitarbeitern einen Überblick über mögliche Maßnahmen zu verschaffen.

Ziel- und Maßnahmen-Beispiel:

Ziel: **Einbindung des Themas Vereinbarkeit von Beruf und Familie in die Mitarbeiterzeitung und ins Intranet**

Maßnahme: Im Intranet / in der Mitarbeiterzeitung wird ein Forum / eine Rubrik zum Thema Balance von Beruf und Familie bereitgestellt.

4. Öffentlichkeitsarbeit – externe Kommunikation

Die Öffentlichkeitsarbeit zielt auf eine möglichst positive Außendarstellung des Unternehmens ab und umfasst alle Bereiche, in denen das Unternehmen mit der Außenwelt kommuniziert. Für Unternehmen ist es wichtig, seine praktizierte familienfreundliche Personalpolitik auch nach außen zu präsentieren. Denn kein Unternehmen kann es sich heute mehr leisten, alleine auf Wirtschaftlichkeit zu beharren, wenn es auch in Zeiten des demografischen Wandels weiter wachsen will.

Ziel- und Maßnahmen-Beispiel:

Ziel: *Ausbau der außerbetrieblichen Informations- und Kommunikationspolitik*

Maßnahme: Die Ziele in Bezug auf die Verbesserung der Balance von Beruf und Familie werden nach außen publiziert. („Tu Gutes und rede darüber!")

123

WEITERE MÖGLICHE MAßNAHMEN:

- **Familienbeauftragte/r**

- **Intranet**

- **Information in Freistellungszeiten**

- **Kommunikationsinsel**

- **Öffentlichkeitsarbeit**

- **Sprechstunde**

UMSETZUNGSBEREICH 5:

FÜHRUNG

KURZBESCHREIBUNG

Im Unternehmen sind alle Beschäftigten für den Unternehmenserfolg mit verantwortlich. Um einen möglichst konfliktarmen Betriebsablauf zu gewährleisten, müssen Führungskräfte kommunikationsfreudig sein, um Arbeiten zu delegieren, Informationen zu erhalten und Mitarbeiter motivieren zu können. Sie dürfen dabei weder den Blick für die individuellen Bedürfnisse der

INFO

Beschäftigten noch für den unternehmerischen Erfolg verlieren und müssen den Mitarbeitern auch unpopuläre Entscheidungen vermitteln können, was ein hohes Maß an Sozialkompetenz erfordert.

Mindestens genauso wichtig ist es aber, dass die Führungskräfte auch in solchen Belangen ein kompetenter und unterstützender Ansprechpartner für die Mitarbeiter sind, die die Vereinbarkeit familiärer und betrieblicher Verpflichtungen betrifft. Führungskräfte sollten stets ein offenes Ohr für die Probleme ihrer Beschäftigten haben und auch für konstruktive Kritik an ihrem Führungsverhalten offen sein.

CHECKLISTE:

Führung

 Bitte das Zutreffende ankreuzen!

✓ **Es existiert eine familienbewusste Unternehmensphilosophie.**

☐ Ja   ☐ Nein   ☐ Teilweise

Überprüfungsfragen:

a. Familienorientierung und Gleichbehandlung von Frauen und Männern sind Bestandteile von konkreten Leitsätzen.

☐ Ja   ☐ Nein   ☐ Teilweise

b. Die vorhandenen familienbewussten Leitsätze werden im Unternehmensalltag gepflegt.

☐ Ja   ☐ Nein   ☐ Teilweise

c. Der Führungsstil ist mitarbeiterorientiert

☐ Ja   ☐ Nein   ☐ Teilweise

d. Das obere Management unterstützt mit seinem Verhalten eine familienbewusste Führungskultur.

☐ Ja   ☐ Nein   ☐ Teilweise

e. Die Führungskräfte sind Mittler zwischen den betrieblichen Anforderungen und den familiären Bedürfnissen der Mitarbeiter.

☐ Ja   ☐ Nein   ☐ Teilweise

✓ **Die Führungskräfte erhalten spezielle Schulungen, so dass familienbewusstes Führungsverhalten umgesetzt wird.**

☐ Ja   ☐ Nein   ☐ Teilweise

Überprüfungsfragen:

a. Es werden Schulungsmaßnahmen für Führungskräfte angeboten, in denen Mitarbeiterorientierung thematisiert, über mögliche familienbewusste Maßnahmen informiert

128

sowie deren Vor- und Nachteile diskutiert werden.

☐ Ja   ☐ Nein   ☐ Teilweise

b. Den Führungskräften werden Soft Skills vermittelt, durch:

	Ja	Nein
Spezielle Seminare	☐	☐
Informell durch	☐	☐
Mitarbeitergespräche		

c. Die Balance von Beruf und Familie wird in einem Großteil der Seminare für die Führungskräfte behandelt.

	Ja	Nein
Spezielle Seminare	☐	☐
Informell durch	☐	☐
Mitarbeitergespräche		

✓ **Familienbewusstes Führungsverhalten ist ein Thema in der Beurteilung von Führungskräften.**

☐ Ja   ☐ Nein   ☐ Teilweise

Überprüfungsfragen:

a. Führungskräfte werden wie folgt beurteilt:

	Ja	Nein
Allgemeine Beurteilung	☐	☐
Rundumbeurteilung (180°/360° Feedback)	☐	☐
Beurteilung von unten	☐	☐

b. Die Führungskräfte werden von den Mitarbeitern auch bezüglich ihres Führungsverhaltens und der Berücksichtigung von Vereinbarkeitsfragen beurteilt.

☐ Ja   ☐ Nein   ☐ Teilweise

c. Die Führungskräfte erhalten zusätzlich zur Grundvergütung erfolgsabhängige Leistungsprämien, um die Quantität und Qualität familienbewusster Maßnahmen zu fördern.

☐ Ja ☐ Nein ☐ Teilweise

✓ **Die Führungskräfte werden bei ihrer Arbeit zur besseren Vereinbarkeit von Beruf und Familie unterstützt.**

☐ Ja ☐ Nein ☐ Teilweise

Überprüfungsfragen:

a. Die Führungskräfte haben im Rahmen von Coaching-Angeboten die Möglichkeit, ihr familienbewusstes Führungsverhalten zu reflektieren.

☐ Ja ☐ Nein ☐ Teilweise

b. Es gibt Führungskräfte, die ihre Vorbildfunktion ernst nehmen und offen mit dem Thema der Balance umgehen, z. B. durch Teilzeitarbeit in der Führungsebene.

☐ Ja ☐ Nein ☐ Teilweise

c. Mentoren informieren auch speziell die Führungskräfte über Angebote und Möglichkeiten der Balance von Beruf und Familie.

☐ Ja   ☐ Nein   ☐ Teilweise

d. Promotoren stellen die praktizierten familienpolitischen Maßnahmen in der Öffentlichkeit dar und werben damit für die familienfreundliche Personalpolitik des Unternehmens.

☐ Ja   ☐ Nein   ☐ Teilweise

Anwendungsbeispiele aus der Praxis:

Damit die Unternehmensgrundsätze auch bei den Mitarbeitern ankommen, ist es unabdingbar, dass die Führungsleitlinien aktiv umgesetzt werden. Genauso wichtig ist es, dass Führungskräfte, die Personalpolitik des Unternehmens nach innen und außen (re)präsentieren. Die Informationsweitergabe an die Mitarbeiter über mögliche Maßnahmen, um eine ausgeglichene Balance zwischen beruflichen und familiären Verpflichtungen zu erreichen, ist dabei genauso wichtig, wie die Möglichkeit für die Beschäftigten bei speziellen, individuellen Problemen Kontakt mit den Führungskräften aufnehmen zu können.

Die Maßnahmen im Umsetzungsbereich Führung betreffen folgende Bereiche:

1. Umsetzen der familienbewussten Unternehmensphilosophie
2. Umsetzen familienbewusster Maßnahmen
3. Sozialkompetenz als wichtige Führungsvoraussetzung
4. Führungskräfteschulungen
5. Führungskräftebeurteilungen

1. Umsetzen der familienbewussten Unternehmensphilosophie

Die Unternehmensphilosophie ist die Ausformulierung der spezifischen Kultur eines Unternehmens. Eine mitarbeiterbewusste Unternehmensphilosophie, in der die Gleichbehandlung von Mitarbeitern mit und ohne Familienpflichten, von Mann und Frau sowie von älteren und jüngeren Mitarbeitern zentrale Punkte markieren, erleichtert es älteren Beschäftigten, Mitarbeitern mit Kindern oder pflegebedürftigen Familienangehörigen auf sie abgestimmte, vorhandene, familienbewusste Maßnahmen auch tatsächlich nachzufragen.

Eine mitarbeiterbewusste Unternehmensphilosophie erhöht die Leistungsbereitschaft und die Motivation der Mitarbeiter und hat positive Auswirkungen auf das Image und letztlich auch auf den Erfolg des Unternehmens. Sie kann allerdings nur dann erfolgreich umgesetzt werden, wenn sie durch die Unternehmensleitung den erforderlichen Rückhalt erfährt. Die Führungskräfte müssen von der Notwendigkeit und dem Nutzen eines solchen Vorgehens überzeugt sein und dies nach innen und außen kommunizieren.

Ziel- und Maßnahmen-Beispiel:

Ziel: **Sensibilisierung für Unterschiede in der Belegschaft um die Gleichbehandlung von Mitarbeitern sicherzustellen**

Maßnahme: Unterschiede im Fachlichen und Menschlichen und die damit verbundenen unterschiedlichen Anforderungen und Bedürfnisse der Mitarbeiter werden bewusst verdeutlichet.

2. Umsetzen familienbewusster Maßnahmen

Führungskräfte sollten nicht nur über die möglichen mitarbeiterbewussten Maßnahmen des Unternehmens informiert, sondern auch aktiv an deren Umsetzung beteiligt sein. Egal, ob es dabei um die zielgruppengerechte Darstellung familienbewusster Maßnahmen in ihrem Unternehmensbereich oder um das Angebot von Sprechstunden zur individuellen Betreuung der Mitarbeiter in Fragen der Balance von

Beruf und Familie geht, die Führungskräfte tragen wesentlich dazu bei, dass die Angebote zur Gestaltung eines familienfreundlichen Arbeitsalltags erfolgreich umgesetzt werden können. Ihr familienbewusstes Verhalten ist Spiegelbild einer modernen Unternehmenskultur.

Ziel- und Maßnahmen-Beispiel:

Ziel: **Ausbau der innerbetrieblichen Kommunikation**

Maßnahme: Es erfolgt eine Sensibilisierung für die Angemessenheit im Hinblick auf warme (= persönliche) und kalte (= technische) Kommunikationswege und die jeweils angemessene Form.

Kommunikationsmöglichkeiten und -zeiten werden bewusst in den Arbeitsalltag eingeplant.

3. Sozialkompetenz als wichtige Führungsvoraussetzung

Für Unternehmen wird es in Zukunft zunehmend wichtiger sein, neben der fachlichen Qualifikation der Führungskräfte auch auf deren soziale Kompetenzen zu achten. Mitarbeiter, die sich für das Unternehmen einsetzen, wollen Gehör finden und mitreden können. Führungskräfte, die auch zuhören können, dialogbereit sind und denen ein gewisses Maß an Empathie unterstellt wird, bevor sie Entscheidungen treffen, werden von Beschäftigten eher akzeptiert und bei Problemen angesprochen.

Führungskräfte mit einem hohen Maß an Sozialkompetenz werden somit deutlich früher auf Probleme im Betriebsalltag aufmerksam und können darauf schneller und gezielter reagieren Außerdem können sie den Mitarbeitern unbeliebte, wirtschaftlich jedoch notwendige Veränderungen im Betriebsalltag deutlich besser vermitteln, weil sie auch in solchen Situationen versuchen, auf die individuellen Wünsche und Befindlichkeiten der Beschäftigten einzugehen, ohne dabei jedoch die wichtigen wirtschaftlichen Belange des Unternehmens aus den Augen zu verlieren.

Ziel- und Maßnahmen-Beispiel:

Ziel: **Reduzierung psychischer Belastungen**

Maßnahme: Es wird bewusst für die positiven Auswirkungen von Anerkennung und Wertschätzung auf die Beschäftigten und den wirtschaftlichen Erfolg des Unternehmens hin sensibilisiert und hingewiesen.

4. Führungskräfteschulungen

Für die Führungskräfte sollten in regelmäßigen Abständen Seminare und Schulungen zu Fragen der Mitarbeiterführung, zu Konfliktmanagement oder zur Mitarbeitermotivation stattfinden. Denn auf dem Weg durch die Hierarchien im Unternehmen, gehen die individuellen Wünsche und Vorstellungen der Beschäftigten häufig verloren, was zu Unzufriedenheit und Konflikten führen kann. Gerade im Bereich der Familienfreundlichkeit sind in den letzten Jahren viele Angebote dazu entstanden wie mit Wünschen der

138

Mitarbeiter zu Fragen der Verbesserung der Familienfreundlichkeit umgegangen werden kann, so dass sowohl für das Unternehmen wie für die Mitarbeiter ein Mehrwert erzielt wird.

Schulungsmaßnahmen für Führungskräfte, in denen Fragen zur Schnittstelle von Beruf und Privatleben thematisiert, über Maßnahmen informiert sowie Vor- und Nachteile diskutiert werden, sollen helfen, die Familienfreundlichkeit im Unternehmen zu erhöhen. Die Führungskräfteseminare regen zum Umdenken und Ausprobieren an, sie sollen helfen, Neues zu erlernen und damit den Unternehmenserfolg auch für die Zukunft zu sichern.

Ziel- und Maßnahmen-Beispiel:

Ziel: **Qualität von Führung sichern**

Maßnahme: Verschiedene Führungsstile werden thematisiert und die damit verbundenen Erwartungen und Konsequenzen abgeglichen.

139

5. Führungskräftebeurteilungen

Zur persönlichen Führung gehört auch Kritikbereitschaft. Eine Führungskraft, die keine Kritik verträgt, erreicht mit Kritik bei den Beschäftigten nichts - außer Widerstand, Ablehnung oder Resignation. Gerade Führungskräfte verlieren aber aufgrund ihrer Karriereorientierung hin und wieder den Blick für die alltäglichen Sorgen und Nöte ihrer Beschäftigten.

Durch Führungskräftebeurteilungen erhalten die Mitarbeiter die Möglichkeit, auch ihre kleinen Sorgen und Verbesserungsvorschläge an die Führungskräfte heranzutragen. Die Führungskräfte werden von ihren Mitarbeitern bzgl. ihres Führungsverhaltens und der Berücksichtigung von Fragen der Schnittstelle von Beruf und Familie beurteilt. Ein Vorgesetzter, der hierbei Kritik auch an seiner Person zulässt und ernst nimmt, und zeigt, dass er nicht perfekt ist, wird ganz sicher glaubwürdiger, authentischer und sympathischer für seine Beschäftigten. Die gegenseitige Akzeptanz von Kritik sorgt letztlich für einen reibungsloseren und konfliktfreieren Betriebsablauf.

Ziel- und Maßnahmen-Beispiel:

Ziel: *Kritikbereitschaft der Führungskräfte schulen*

Maßnahme: Die Möglichkeiten des Feedbacks von unten werden durch den Aufbau einer positiven Gesprächsatmosphäre geschaffen und genutzt.

WEITERE MÖGLICHE MAßNAHMEN:

- **Coaching**

- **Erfolgsabhängige Vergütungsbestandteile**

- **Mentor**

UMSETZUNGSBEREICH 6 :

PERSONALENTWICKLUNG

KURZBESCHREIBUNG

In Zeiten des demografischen Wandels stehen die Unternehmen vor ganz neuen Herausforderungen. Der Nachwuchs wird knapper und die Trennung von älteren Mitarbeitern kann von den Sozialsystemen nicht mehr wie bisher unterstützt werden. Die Personalentwicklung muss also familienfreundliche, generationsübergreifende Konzepte anbieten, um zum einen neue qualifizierte

Fachkräfte zu binden und zum anderen das Potenzial der älteren Mitarbeiter nutzen zu können.

Im Umsetzungsbereich Personalentwicklung geht es deshalb um Maßnahmen, die einerseits der beruflichen und persönlichen Entwicklung der Mitarbeiter dienen und andererseits den langfristigen Erfolg des Unternehmens garantieren. Es kommt darauf an, bei Neueinstellungen oder Beförderungen, bei Weiterbildungsangeboten oder der Bildung von altersgemischten Teams neue Möglichkeiten zu eröffnen, die von den Beschäftigten als Chance wahrgenommen werden. Diese Maßnahmen müssen die Bedürfnisse der älteren und der heute noch jüngeren Mitarbeiter gleichermaßen im Blick haben. Die Unternehmensentwicklung wird nur dann dauerhaft von Erfolg geprägt sein, wenn die Personalentwicklung darauf ausgerichtet ist, die Potenziale aller Mitarbeiter zu nutzen und diese gleichberechtigt zu fördern.

CHECKLISTE:

Personalentwicklung

✍ *Bitte das Zutreffende ankreuzen!*

✓ **Durch entsprechende Planung ist eine Personalpolitik, deren Fokus auf der Balance von Beruf und Familie liegt, sichergestellt.**

☐ Ja ☐ Nein ☐ Teilweise

Überprüfungsfragen:

a. Es finden regelmäßige Mitarbeitergespräche statt, in denen auch Maßnahmen vorgestellt und Lösungen erarbeitet werden, welche die Balance von Beruf und Familie steigern.

☐ Ja ☐ Nein ☐ Teilweise

b. Für jeden Mitarbeiter wird ein Entwicklungs- / Karriereplan erstellt, der entsprechend der Lebensphasen die Balance von Beruf und Familie ermöglicht.

☐ Ja ☐ Nein ☐ Teilweise

144

✓ **Es werden Fort- und Weiterbildungsmaßnahmen unter Berücksichtigung familiärer Belange angeboten.**

☐ Ja   ☐ Nein   ☐ Teilweise

Überprüfungsfragen:

a. Die Fort- und Weiterbildungsmaßnahmen werden mit den Mitarbeitern abgestimmt, bzgl.:

	Ja	Nein
Ort	☐	☐
Dauer	☐	☐
Termin	☐	☐
Berücksichtigung familiärer Verpflichtungen	☐	☐

b. Bei Bedarf wird für die Zeit einer Weiterbildungsmaßnahme eine Kinderbetreuung organisiert.

☐ Ja   ☐ Nein   ☐ Teilweise

145

c. Teilzeitmitarbeiter können die gleichen Fort- und Weiterbildungsmaßnahmen besuchen wie Vollzeitmitarbeiter und werden darüber auch aktiv informiert.

☐ Ja ☐ Nein ☐ Teilweise

d. Es werden spezielle Seminare angeboten, in denen die Anforderungen an einen Mitarbeiter, der Beruf und Familie vereinbaren will, speziell geschult werden (z.B. Selbstmanagement von Zeit und Arbeitsabläufen).

☐ Ja ☐ Nein ☐ Teilweise

✓ **Es existieren Aktivitäten zur Gleichstellung von Mann und Frau.**

☐ Ja ☐ Nein ☐ Teilweise

Überprüfungsfragen:

a. Frauen und Männer können gleichberechtigt an Fort-, und Weiterbildungsmaßnahmen teilnehmen

☐ Ja ☐ Nein ☐ Teilweise

b. Frauen werden gezielt angesprochen und trotz Familienpflichten zur Teilnahme an Fort- und Weiterbildungsmaßnahmen motiviert.

☐ Ja ☐ Nein ☐ Teilweise

c. Männer haben neben der gesetzlich geregelten Inanspruchnahme von Elternzeit oder Teilzeitarbeit für Väter weitere Optionen, um sich aktiv an der Betreuung und Erziehung der Kinder zu beteiligen.

☐ Ja ☐ Nein ☐ Teilweise

✓ **Kontakthalte- / und Wiedereinstiegsprogramme ermöglichen die Anbindung an das Unternehmen.**

☐ Ja ☐ Nein ☐ Teilweise

Überprüfungsfragen:

a. Mitarbeiter werden während eines Freistellungszeitraums über aktuelle Entwicklungen aus dem Unternehmen informiert.

☐ Ja   ☐ Nein   ☐ Teilweise

b. Mitarbeiter können sich während eines Freistellungszeitraums regelmäßig – etwa bei von Unternehmen organisierten Treffen – mit Kollegen austauschen.

☐ Ja   ☐ Nein   ☐ Teilweise

c. Mitarbeiter, die aufgrund familiärer Belange von ihrer Tätigkeit freigestellt sind, können an Weiterbildungsveranstaltungen teilnehmen.

☐ Ja   ☐ Nein   ☐ Teilweise

Falls Ja:

Bei der Konzeption der Veranstaltung wird auf mögliche Familienpflichten Rücksicht genommen.

☐ Ja   ☐ Nein   ☐ Teilweise

d. Bereits vor Beginn einer Freistellung wird ein Plan zur Wiedereingliederung erstellt und es werden Fragen der Vereinbarkeit von Beruf und Familie erörtert.

☐ Ja   ☐ Nein   ☐ Teilweise

e. Es finden Rückkehrgespräche mit den freigestellten Mitarbeitern statt.

☐ Ja   ☐ Nein   ☐ Teilweise

Falls Ja:

Zu welchem Zeitpunkt

f. Freigestelle Mitarbeiter bekommen einen Paten zur Seite gestellt, der ihnen Informationen weiterleitet und somit auch den Wiedereinstieg erleichtert.

☐ Ja   ☐ Nein   ☐ Teilweise

g. Beim Wiedereinstieg werden ein Trainee-Programm bzw. andere gezielte Maßnahmen angeboten.

☐ Ja   ☐ Nein   ☐ Teilweise

h. Mitarbeiter, die sich in einer Erziehungsfreistellung befinden, können stunden- oder tageweise aushelfen.

☐ Ja   ☐ Nein   ☐ Teilweise

✓ **Die familiäre Situation findet bei Beförderungen und Neueinstellungen Berücksichtigung.**

☐ Ja ☐ Nein ☐ Teilweise

Überprüfungsfragen:

a. Bei einer Einstellung oder Beförderung ist allein die Qualifikation ausschlaggebend.

☐ Ja ☐ Nein ☐ Teilweise

b. Personalpolitische Entscheidungen werden von familiären Verpflichtungen der Mitarbeiter oder dem Wunsch in Teilzeit zu arbeiten, beeinflusst.

☐ Ja ☐ Nein ☐ Teilweise

c. Das Unternehmen ist für Patchwork-Berufsbiographien offen.

☐ Ja ☐ Nein ☐ Teilweise

d. Außerbetriebliches Engagement in Familie oder Ehrenamt werden bei Einstellung oder Beförderung positiv berücksichtigt.

☐ Ja ☐ Nein ☐ Teilweise

150

e. Bei einer Neueinstellung wird dem Partner des neuen Mitarbeiters Unterstützung bei der Suche nach einer adäquaten Arbeitsstelle angeboten.

☐ Ja   ☐ Nein   ☐ Teilweise

f. Für Mitarbeiter mit befristeten Arbeitsverhältnissen finden frühzeitig Gespräche statt, in denen ihnen die Entscheidung darüber mitgeteilt wird, ob sie in eine Festanstellung übernommen werden.

☐ Ja   ☐ Nein   ☐ Teilweise

g. Angehörigen von Mitarbeitern werden bevorzugt freie bzw. neu geschaffene Stellen oder Urlaubsvertretungen angeboten.

☐ Ja   ☐ Nein   ☐ Teilweise

Anwendungsbeispiele aus der Praxis:

Es kommt bei der Personalentwicklung darauf an, Innovationen zu schaffen, die alle Altersphasen des Berufslebens berücksichtigen, um die Beschäftigungsfähigkeit und Leistungsbereitschaft der älteren und heute noch jüngeren Mitarbeiter gleichermaßen im Blick zu haben und dauerhaft zu erhalten. Deshalb spielt die Berücksichtigung der Familienpflichten der Beschäftigten eine ebenso große Rolle wie die Berücksichtigung der Bedürfnisse der älteren Mitarbeiter.

Die Maßnahmen im Umsetzungsbereich Personalentwicklung betreffen folgende Bereiche:

1. Kontakthaltemöglichkeiten optimieren
2. Rückkehrplanung
3. Chancengleichheit optimieren

1. Kontakthaltemöglichkeiten optimieren

Längere Freistellungszeiten z.B. während der Elternzeit oder aufgrund der Pflege von Angehörigen bergen für die Mitarbeiter die Gefahr den Anschluss an die betrieblichen Entwicklungen, die Inhalte ihrer Arbeit und den Kontakt zu Kollegen zu verlieren, was einen Wiedereinstieg erschwert und (Wiedereinarbeitungs-)Kosten für das Unternehmen verursacht. Es ist deshalb von entscheidender Bedeutung, wie das Unternehmen Beschäftigte aktiv in den Unternehmensalltag einbindet, um diese Gefahr zu minimieren.

Unternehmen sollten ein Interesse daran haben, dass Mitarbeiter in Freistellungszeiträumen über wichtige Neuigkeiten und Entwicklungen im Unternehmen auf dem Laufenden gehalten werden. Möglich wird dies beispielsweise durch den Bezug der Betriebszeitung, einen Zugang zum Intranet, der Teilnahme an Fort- und Weiterbildungsmaßnahmen auch während einer Freistellung und der Zusendung von Informationen. Aber nicht alle für diese Beschäftigten interessanten Informationen lassen sich über die offiziellen Medien vermittel. Gerade um Details aus dem betrieblichen

Alltag zu erfahren, ist das persönliche Gespräch mit Kollegen oft die einfachste und effektivste Möglichkeit der Informationsvermittlung, weshalb die Einladung zu Betriebsfesten oder Betriebsversammlungen genauso wichtig ist. Außerdem sollte über die Möglichkeit der Einführung eines Patensystems nachgedacht werden.

Ziel- und Maßnahmen-Beispiel:

Ziel: *Einbindung von Mitarbeitern in Auszeiten ausbauen*

Maßnahme: Mitarbeiter in Auszeiten werden regelmäßig zu Veranstaltungen (z.B. Betriebsversammlungen, Feiern) eingeladen

2. Rückkehrplanung

Ein Mitarbeiter steht kurz davor in die Elternzeit zu gehen, plant aber nach einer Pause wieder in das Unternehmen zurückzukehren. Damit der Mitarbeiter in der Zwischenzeit nicht den Anschluss an die Abläufe und Entwicklungen im Unternehmen verliert, aber auch um seine Rückkehr frühzeitig zu planen, ist ein regelmäßiger Austausch zwischen dem Unternehmen und dem betroffenen Mitarbeiter wichtig. Rückkehrgespräche sind für das Unternehmen ein unumgängliches Muss für die langfristige Personaleinsatzplanung, da auf Basis dieser Gespräche der (zeitlich begrenzte) zusätzliche Personalbedarf besser kalkulierbar wird. Zum anderen bieten sie dem Unternehmen und den Beschäftigten, die nach einem Freistellungszeitraum auf ihre alte Stelle zurückkehren wollen, die Möglichkeit, sich über die gegenseitigen Vorstellungen und Erwartungen auszutauschen und diese abzugleichen sowie die weitere Beruftätigkeit der betroffenen Mitarbeiter unter Berücksichtigung der Vereinbarkeit von Beruf und Familie besser zu planen.

Ziel- und Maßnahmen-Beispiel:

Ziel: **Rückkehr qualifizierter Mitarbeiter aus Auszeiten frühzeitig planen**

Maßnahme: Die Interessen und Erwartungen seitens des Unternehmens und seitens der betroffenen Mitarbeiter werden rechtzeitig angesprochen und geklärt und ausgewogene Lösungen geschaffen.

Die Inhalte dieser Rückkehrgespräche werden schriftlich festhalten, um flexibler auf die Belange und die Möglichkeiten des Unternehmens und die Interessen der Mitarbeiter reagieren zu können.

3. Chancengleichheit optimieren

Maßnahmen zur Optimierung der Chancengleichheit betreffen nicht nur die Gleichberechtigung von männlichen und weiblichen Mitarbeitern. Ebenso geht es um die Optimierung der Chancengleichheit von Mitarbeitern mit und ohne Familienpflichten, Mitarbeitern in Teil- und Vollzeit und um die Gleichberechtigung von älteren und jüngeren Mitarbeitern in allen betrieblichen Belangen.

Diese Maßnahmen können häufig ohne größeren Aufwand eingeführt werden und erfordern meist nur ein Umdenken auf Seiten des Unternehmens. Beispielsweise kann eine Weiterbildungspolitik, die sich allein am Wissensniveau und der individuellen Bereitschaft der Beschäftigten orientiert und nicht an deren Geschlecht, familiären Verpflichtungen, Alter oder Arbeitszeit, verhindern, dass Mitarbeiter bei der Bewilligung von Weiterbildungen benachteiligt werden. Die vorhandenen Wissensressourcen aller Beschäftigten werden aufgefrischt oder erweitert und die Mitarbeiter bleiben auf einem gleich bleibend hohen, homogenen Wissensstand. Ebenso sollte bei Einstellungen und Beförderungen vor allem auf die Qualifikation der Mitarbeiter und weniger auf andere Kriterien Rücksicht genommen werden.

Ziel- und Maßnahmen-Beispiel:

Ziel: **Gleichberechtigte Teilnahme am technischen Fortschritt ermöglichen**

Maßnahme: Altersgemischte Teams werden als Pilotprojekt realisiert.

WEITERE MÖGLICHE MAßNAHMEN:

- **Abstimmung bei Fortbildungsmaßnahmen**

- **Mitarbeitergespräch**

- **Patenkonzept**

- **Rückkehrgespräche**

- **Trainee-Programm bei Wiedereinstieg**

- **Training des Selbstmanagements**

UMSETZUNGSBEREICH 7:

GELDWERTE BENEFITS

KURZBESCHREIBUNG

Die Geburt eines Kindes bedeutet nicht nur eine Umstellung des Alltags der Mitarbeiter, die Geburt eines Kindes ist auch eine große finanzielle Belastung. Auf junge Familien kommen viele Kosten zu: die alte Waschmaschine muss ausgetauscht werden, die

**I
N
F
O**

Ausstattung des Kindes muss bezahlt werden, ein größerer PKW wird notwendig, die Wohnung wird zu eng, und ein Umzug steht an. Die Ausgaben summieren sich schnell. Doch auch alle anderen Beschäftigten können ungeplant in einen finanziellen Engpass geraten, wenn etwa der private PKW plötzlich repariert werden oder der Herd ersetzt werden muss.

Das Unternehmen kann einen Teil seiner geldwerten zusätzlichen oder freiwilligen Leistungen so einsetzen, dass Beschäftigte mit Familienpflichten hiervon besonders profitieren. Beispielsweise indem die Kosten für die Betreuung der Kinder übernommen werden, eine Geburtsbeihilfe gewährt wird, in finanziellen Notlagen Vorschüsse gewährt, Rabatte mit Partnern vereinbart werden, oder die Möglichkeiten des Personaleinkaufs auf Familienmitglieder ausgedehnt wird.

CHECKLISTE:

Geldwerte Benefits

Bitte das Zutreffende ankreuzen!

✓ **Finanzielle Zuschüsse werden ausgezahlt.**

☐ Ja   ☐ Nein   ☐ Teilweise

Überprüfungsfragen:

a. Es werden verschiedene finanzielle Zuschüsse gewährt.

	Ja	Nein
Essenskostenzuschuss	☐	☐
Übernahme von Fahrtkosten	☐	☐
Übernahme von Betreuungskosten	☐	☐
Darlehen	☐	☐
Geburtsbeihilfe	☐	☐
Kinderbonusgeld	☐	☐
Ergänzendes Elterngeld	☐	☐

161

Stipendien für
Mitarbeiterkinder ☐ ☐

Hinterbliebenenrente ☐ ☐

b. Mitarbeiter können im Rahmen eines vorgegebenen Budgets familienbewusste Leistungsangebote auswählen.

☐ Ja ☐ Nein ☐ Teilweise

c. Zeiten der Erziehungsfreistellung werden als Betriebszeiten angerechnet und gelten auch als Anwartschaftszeiten für betriebliche Sozialleitungen, z.B. betriebliche Altersversorgung

☐ Ja ☐ Nein ☐ Teilweise

d. Beschäftigte oder ihre Familienangehörigen erhalten Preisnachlässe beim Kauf von Produkten des eigenen Betriebs.

☐ Ja ☐ Nein ☐ Teilweise

e. Firmeneigene Gebrauchsgegenstände dürfen auch für private Zwecke genutzt werden.

☐ Ja ☐ Nein ☐ Teilweise

✓ **Den Mitarbeitern werden Service- / Freizeit- / Beratungsangebote offeriert.**

☐ Ja ☐ Nein ☐ Teilweise

Überprüfungsfragen:

a. Es werden haushaltsnahe Dienstleistungen angeboten (Wäsche-, Bügelservice), um die Mitarbeiter zeitlich zu entlasten.

☐ Ja ☐ Nein ☐ Teilweise

b. Mitarbeiter und deren Angehörige erhalten kostenlosen oder verbilligten Zugang zu Sport- und Freizeiteinrichtungen.

☐ Ja ☐ Nein ☐ Teilweise

c. Mitarbeiter und deren Angehörige können bei Sucht- und Beziehungsproblemen, Überschuldung etc. externe Hilfestellungen in Anspruch nehmen.

☐ Ja ☐ Nein ☐ Teilweise

Anwendungsbeispiele aus der Praxis:

Etliche Unternehmen gewähren ihren Mitarbeitern neben den gesetzlichen vereinbarten Unterstützungen weitere finanzielle und soziale Leistungen, die der persönlichen Bedarfslage der Beschäftigten entsprechen.

Die Maßnahmen im Umsetzungsbereich Geldwerte Benefits betreffen folgende Bereiche:

1. Serviceleistungen
2. Finanzielle Unterstützung

1. Serviceleistungen

Belastende Situationen und persönliche, familiäre oder berufliche Herausforderungen können alle Beschäftigten treffen. Dazu kommen steigende Anforderungen am Arbeitsplatz. Wenn Probleme nicht gelöst werden, wirkt sich das auch auf ihre Arbeitsleistung aus: Mitarbeiter sind unkonzentriert, arbeiten ungenau und fehlen häufiger.

Immer mehr Arbeitgeber erkennen die Notwendigkeit und die Vorteile, Beschäftigte bei der Erfüllung ihrer familiären Aufgaben und Verpflichtungen zu unterstützen. Ein Unternehmen, das die Balance von Beruf und Familie unterstützt, wird zudem für Beschäftigte und auch für Bewerber attraktiver. Und: Die Mitarbeiter/innen fehlen seltener und sind während der Arbeit aktiv und konzentriert.

Ziel- und Maßnahmen-Beispiel:

Ziel: *Optimierung von Serviceleistungen*

Maßnahme: Der tatsächliche Bedarf von firmenseitigen Serviceleistungen wird festgestellt und ggfs. bedarfsgerecht verändert oder zusätzlich angeboten.

2. Finanzielle Unterstützung

Nicht nur die Geburt eines Kindes ist eine große finanzielle Belastung für die Mitarbeiter. Auch die Reparatur des privaten PKWs oder der Kauf einer neuen

Küche kann zu einer finanziellen Notsituation führen. Deshalb gewähren Unternehmen ihren Beschäftigten in solchen Fällen finanzielle Unterstützung, in Form einer Geburtsbeihilfe als steuerfreie Leistung bzw. eines Vorschusses auf das monatliche Entgelt.

Zudem erhalten die Mitarbeiter beispielsweise finanzielle Unterstützung durch Rabattvereinbarungen, beispielsweise Preisnachlässe beim Kauf von Produkten des eigenen Betriebs. Durch die Möglichkeit des Personalkaufs kann ein Unternehmen direkte finanzielle Unterstützung an Familien mit oder ohne Kinder weitergeben. Eine familienfreundliche Maßnahme, die das Unternehmen nichts kostet, aber erhebliche Einsparungen in der Haushaltskasse der Mitarbeiter bedeuten können.

Ziel- und Maßnahmen-Beispiel:

Ziel: *Finanzielle Unterstützung*

Maßnahme: Es wird eine Geburtsbeihilfe gewährt.

WEITERE MÖGLICHE MAßNAHMEN:

- **Beratung und Hilfe**

- **Freizeitangebote**

- **Haushaltsservice**

- **Stipendien für Mitarbeiterkinder**

- **Übernahme von Betreuungskosten**

UMSETZUNGSBEREICH 8:

LEISTUNGEN FÜR BESCHÄFTIGTE + ANGEHÖRIGE

KURZBESCHREIBUNG

I
N
F
O

Das Unternehmen erwartet stets vollen Einsatz von seinen Beschäftigten. Doch nur wenn die Mitarbeiter wissen, dass ihre Familien gut versorgt sind, können sie sich voll auf ihre betrieblichen Verpflichtungen konzentrieren. Damit Eltern erfolgreich berufstätig sein können ist es wichtig, dass eine pädagogisch hochwertige und verlässliche Kinderbetreuung gewährleistet ist. Die Betreuung der Kinder muss stets gesichert sein und auch für besondere Situationen müssen Notfalllösungen bereitstehen. Durch die Alterung der Gesellschaft und die Tatsache, dass die Menschen heute länger leben, steigt zudem der Bedarf an Pflege- und Unterstützungslösungen für die Familien der Mitarbeiter. Plötzlich kann ein Angehöriger eines Beschäftigten zum Pflegefall werden. Dann müssen schnell Betreuungslösungen gefunden und Rechtsfragen geklärt werden.

Die Suche nach der idealen Lösung kann sehr schwierig sein, auch weil jeder Fall individuell unterschiedlich ist. Im Umsetzungsbereich Leistungen für Beschäftigte + Angehörige geht es deshalb um betriebliche Hilfen und Services, die bei der Findung von Problemlösungen unterstützen und dazu beitragen, Mitarbeiter in ihren familiären Aufgaben und Pflichten zu entlasten.

CHECKLISTE:

Leistungen für Beschäftigte +

Angehörige

Bitte das Zutreffende ankreuzen!

✓ **Es werden Beratungs- / Vermittlungsleistungen für Kinder, Ältere und Kranke angeboten.**

☐ Ja ☐ Nein ☐ Teilweise

Überprüfungsfragen:

a. Für alle Fragen rund um die Betreuung von Kindern oder älteren Angehörigen gibt es eine betriebseigene Beratung/Vermittlung.

☐ Ja ☐ Nein ☐ Teilweise

b. Es existieren Kooperationen mit externen Dienstleistern.

☐ Ja ☐ Nein ☐ Teilweise

c. Im Unternehmen gibt es einen Pool qualifizierter Tagesmütter oder kompetenter

Mitarbeiter im Erziehungsurlaub, die
Betreuungsdienstleistungen anbieten.

☐ Ja ☐ Nein ☐ Teilweise

d. An zentraler Stelle innerhalb des
Unternehmens werden Anfragen und
Angebote, etwa zur Betreuung von
Kleinkindern, Älterer oder Kranker
gesammelt.

☐ Ja ☐ Nein ☐ Teilweise

✓ **Es existieren spezielle Betreuungsangebote für
Kinder.**

☐ Ja ☐ Nein ☐ Teilweise

Überprüfungsfragen:

a. Es gibt verschiedene Betreuungsangebote.

	Ja	Nein
Betreuung für Kinder unter 3 Jahren	☐	☐
Betreuung für Kinder von 3-	☐	☐

6 Jahren

Hortbetreuung ☐ ☐

Betreuung in Notfällen ☐ ☐

Hausaufgabenbetreuung ☐ ☐

Ferienangebote ☐ ☐

Betriebseigene ☐ ☐

Kinderbetreuungseinrichtung

Belegplätze ☐ ☐

Kinderbetreuung in Koop. ☐ ☐

Verlängerte Öffnung der ☐ ☐

Kinderbetreuung

Förderung von ☐ ☐

Elterninitiativen

b. Das Unternehmen stellt für regelmäßige Fahrten, z.B. von der Schule zum Hort einen Fahrdienst zur Verfügung.

☐ Ja ☐ Nein ☐ Teilweise

✓ **Kinder können an den Arbeitsplatz mitgebracht werden.**

☐ Ja   ☐ Nein   ☐ Teilweise

Überprüfungsfragen:

a. In Ausnahmefällen können Kinder an den Arbeitsplatz mitgebracht werden.

☐ Ja   ☐ Nein   ☐ Teilweise

b. Im Unternehmen gibt es einen Spielbereich für Kinder.

☐ Ja   ☐ Nein   ☐ Teilweise

c. Es besteht die Möglichkeit mit den Kindern gemeinsam zu essen.

☐ Ja   ☐ Nein   ☐ Teilweise

d. Es gibt ein Eltern-Kind-Zimmer.

☐ Ja   ☐ Nein   ☐ Teilweise

✓ **Mitarbeiter können ein Betreuungsangebot für Ältere und Kranke in Anspruch nehmen.**

☐ Ja　　☐ Nein　　☐ Teilweise

Überprüfungsfragen:

a. Das Unternehmen unterstützt / organisiert Tages- / Kurzpflegeplätze oder Plätze in Alten- oder Pflegeheimen

☐ Ja　　☐ Nein　　☐ Teilweise

b. Bei kurzfristig eintretenden Pflegefällen in der Familie wird die Inanspruchnahme eines Pflegedienstes bezuschusst.

☐ Ja　　☐ Nein　　☐ Teilweise

✓ **Es wird eine Unterstützung bei Wohnungssuche und Umzug angeboten.**

☐ Ja　　☐ Nein　　☐ Teilweise

Überprüfungsfragen:

c. Das Unternehmen hilft bei der Wohnungssuche und beim Umzug.

174

☐ Ja   ☐ Nein   ☐ Teilweise

d. Es gibt Betriebswohnungen, die auch von Mitarbeitern in problematischen Lebensphasen kurzfristig bewohnt werden können.

☐ Ja   ☐ Nein   ☐ Teilweise

Anwendungsbeispiele aus der Praxis:

Die Voraussetzung für eine tragfähige Balance von
Familienalltag und Berufsleben, ist dann gegeben, wenn
eine geeignete Betreuung von Kindern oder
pflegebedürftigen Angehörigen sichergestellt ist. Auf
diese Weise können familiär bedingte Fehlzeiten deutlich
gesenkt und die Motivation der Mitarbeiter erhöht
werden. Die in einigen Unternehmen bereits erfolgreich
erprobten Familienservice- und Beratungsleistungen
betreffen folgende Bereiche:

1. Betreuungsangebote für Kinder
2. Beratungsleistungen
3. Angebote für Familien

1. Betreuungsangebote für Kinder

Selbst wenn die Betreuungskapazitäten für die Kinder der Mitarbeiter im Normalfall, zu den üblichen Öffnungszeiten, ausreichend sind: Es treten immer wieder Notsituationen auf, in denen die Beschäftigten unerwartet einen Ersatz für die Betreuung brauchen. Der Kindergarten bleibt wegen Krankheit oder in der Ferienzeit geschlossen und die Eltern können nicht so lange Urlaub am Stück bekommen. In der Schule fallen Stunden aus oder die Tagesmutter ist verhindert. Auch bei Fort- und Weiterbildungsmaßnahmen, Mehrarbeit in Folge von Vertretungstätigkeiten oder bei einem vorübergehendem Einsatz an einem anderen Unternehmensstandort – geplante Betreuungsarrangements können entfallen und neue Betreuungsmöglichkeiten sind kurzfristig nur schwer zu finden oder häufig sehr teuer. Deshalb sind die Mitarbeiter auf Alternativangebote angewiesen, um weiterhin vollen Einsatz bei der Ausübung ihrer Tätigkeiten zeigen zu können.

Es gibt verschiedene Möglichkeiten, Betreuungsengpässe in den Ferien oder in Notfällen auszugleichen. So steht den Mitarbeitern für den kurzfristigen Betreuungsbedarf in Notfällen ein Eltern-Kind-Arbeitszimmer zur Verfügung, das sowohl mit Bürotechnik als auch mit einer kindgerechten Spielecke ausgestattet ist. Es bietet die Chance, die ausgefallene Betreuung auch kurzfristig selber am Arbeitsplatz zu übernehmen. Für die Sommerferien bietet das Unternehmen Ferienangebote, um die Beschäftigten mit schulpflichtigen Kindern bei der Betreuung zu unterstützen.

Ziel- und Maßnahmen-Beispiel:

Ziel: **Unterstützung bei der Kinder(notfall)betreuung**

Maßnahme: Es wird ein Eltern-Kind-Büro bereitgestellt und entsprechend ausgestattet.

2. Beratungsleistungen

Im Laufe des Erwerbslebens ändert sich die Lebenssituation der Mitarbeiter ständig und bringt immer neue Probleme mit sich. Ein zweites Kind wird geboren, das Kind wird eingeschult bzw. beendet die Schule, Familienangehörige werden zum Pflegefall oder die Rente eines Beschäftigten steht kurz bevor. Veränderte Lebenssituationen bedürfen manchmal der Hilfe von (externen) Beratern.

In solchen Fällen können fachkundige Kräfte den Mitarbeitern beratend zur Seite stehen: Sie klären mit den Eltern den kindgerechten und familienadäquaten Betreuungsbedarf und vermitteln Betreuungsangebote für Kinder und pflegebedürftige Angehörige. Sie stehen auch bei Problemen der Betreuung oder Erziehung sowie bei der Lösung von Konflikten zur Verfügung, vermitteln Förderangebote für die Kinder der Mitarbeiter und bieten spezielle Beratungsangebote, für solche Beschäftigte, die kurz vor der Pensionierung stehen, an.

| **Ziel- und Maßnahmen-Beispiel:** |

Ziel: **Hilfestellungen für Mitarbeiter im rentennahen Alter**

Maßnahme: Die rentennahen Mitarbeiter und ihre Partner werden mittels eines „Rentenfahrplans" auf den neuen Lebensabschnitt vorbereitet.

3. Angebote für Angehörige

Der Erfolg eines Unternehmens hängt maßgeblich vom Engagement der Mitarbeiter ab. Ein hohes Identifikationspotenzial der Beschäftigten mit dem Unternehmen sorgt dafür, dass die Mitarbeiter sich für den Erfolg des Unternehmens stärker verantwortlich fühlen, ihre Aufgaben gewissenhaft erledigen und in Zeiten von Kapazitätsengpässen bereit sind, Überstunden zu leisten. Auf der anderen Seite tragen die Beschäftigten aber auch Verantwortung für ihre Angehörigen. Damit die Mitarbeiter im Unternehmen volles Engagement zeigen können, ist es wichtig, dass

die Familien der Mitarbeiter Verständnis für das
Unternehmen und für die Unternehmensentscheidungen
haben und sich ebenfalls mit den dessen Zielen
identifizieren können. Denn nur ein harmonisches
Familienleben bietet den Rückhalt, der für die Bewältigung des Alltags notwendig ist.

Ziel- und Maßnahmen-Beispiel:

Ziel: *Identifikation der Mitarbeiterfamilien
mit dem Unternehmen stärken*

Maßnahme: Angehörigen von Mitarbeitern werden
Praktika oder Aushilfstätigkeiten
angeboten.

WEITERE MÖGLICHE MAßNAHMEN:

- **Hausaufgabenbetreuung**

- **Kinderbetreuungseinrichtung in Kooperation mit anderen Betrieben**

- **Mittagessen**

- **Notdienste / Notmütter / Noteltern**

- **Spielbereich**

- **Wäsche- und Bügel-Service**

Alphabetisches Stichwortverzeichnis:

Quellenverzeichnis

Die beiden Grafiken „Innovative Arbeitszeitmodelle" S. 43 und „Mobile Formen der Arbeit" S. 88 wurden freundlicherweise von Fauth Herkner & Partner, München zur Verfügung gestellt.

Foto S 159: Alexander Stieren

Danke

Ein ganz herzliches Danke an meinen Mann und
unseren Sohn, ohne die es dieses Buch nicht gäbe.

Sie machen nicht nur meine eigene Vereinbarkeit von
Beruf und Familie möglich, sondern sorgen auch dafür,
dass Beides immer wieder in die Balance gerät.

Außerdem unterstützen Sie mich durch konstruktive
Anregungen und Kritik, tatkräftiges Handeln und
unendlich viele Gespräche.

Mit Euch Beiden ist ein Schlagwort mit Leben gefüllt.

Danke!

Über die Autorin

Ursula Madeja-Stieren ist Praxis-Expertin wenn es um die Umsetzung von Maßnahmen zur Vereinbarkeit von Beruf und Familie in Unternehmen und Organisationen geht.

Sie hat zahlreiche Unternehmen unterschiedlichster Größen und Branchen bei der Implementierung und Optimierung familienbewusster Personalpolitik beraten und begleitet.

Immer richtet sich ihr Fokus auf die Stärken eines Unternehmens. Dieser positive Blick und ihr Credo „... weil Sie und Ihre Mitarbeiter wertvoll sind" prägen ihre Beratungen.

Ursula Madeja-Stieren legt Wert auf individuelle und realistisch umsetzbare Lösungen.

Als Unternehmensberaterin hat sie in 20 Jahren Berufserfahrung gelernt, in erster Linie aktiv zuzuhören und keine Standardkonzepte zu propagieren.

Jedes Unternehmen verdient eine eigene Lösung. Eines ist allen jedoch gemeinsam: Immer steht der Mensch im Mittelpunkt.

Nur wenn Unternehmens- und Mitarbeiterinteressen in einer tragfähigen Balance sind, ist Erfolg mittel- und langfristig möglich, ist ihre Überzeugung.

Deshalb ist es ihr und ihrem Team wichtig, Betroffene zu Beteiligten zu machen.

Angesichts der demografischen Herausforderungen hat Ursula Madeja-Stieren zusammen mit einem Expertenteam „DemograFIT – das Konzept für Ihr erfolgreiches Demografie-Management" entwickelt.

Agentur Madeja-Stieren GmbH

Personalberatung | Personalentwicklung | Unternehmensberatung

Lange Str. 7 | D-33181 Bad Wünnenberg

Homepage: www.ams-personal.de

E-Mail: ams@ams-personal.de